电力规划设计总院
Electric Power Planning & Engineering Institute

U0611409

火电工程限额设计参考造价指标

（2018年水平）

电力规划设计总院　编

中国电力出版社
CHINA ELECTRIC POWER PRESS

内 容 提 要

　　根据我国电力工程技术发展的需要，电力规划设计总院受国家能源局委托在 2017 年水平限额设计参考造价指标基础上，依据 2018 年度火电工程初步设计及施工图资料，采用国家能源局 2013 年 8 月发布的《火力发电工程建设预算编制与计算规定》(2013 年版)、《电力建设工程概算定额》(2013 年版) 以及 2017 年设备、材料（北京地区）价格，编制了常规燃煤火力发电厂工程限额设计参考造价指标（2018 年水平）及 2017～2018 年结算性造价指数和 400MW 等级及 180MW 等级的燃气−蒸汽联合循环发电机组的参考造价。

　　本书供以上项目投资、设备招标、设计、管理人员参考使用。

图书在版编目（CIP）数据

　　火电工程限额设计参考造价指标. 2018 年水平 / 电力规划设计总院编. —北京：中国电力出版社，2019.6（2019.8 重印）
　　ISBN 978-7-5198-3217-9

　　Ⅰ. ①火… Ⅱ. ①电… Ⅲ. ①电力工程−预算定额−中国 Ⅳ. ①F426.61

　　中国版本图书馆 CIP 数据核字（2019）第 103575 号

出版发行：中国电力出版社
地　　址：北京市东城区北京站西街 19 号（邮政编码 100005）
网　　址：http://www.cepp.sgcc.com.cn
责任编辑：畅　舒（010-63412312）
责任校对：黄　蓓　李　楠
装帧设计：赵姗姗
责任印制：石　雷

印　　刷：三河市万龙印装有限公司
版　　次：2019 年 6 月第一版
印　　次：2019 年 8 月北京第二次印刷
开　　本：850 毫米×1168 毫米　32 开本
印　　张：11.25
字　　数：271 千字
印　　数：2001—4000 册
定　　价：80.00 元

关于印发《火电工程限额设计参考造价指标》（2018年水平）及《电网工程限额设计控制指标》（2018年水平）的通知

电规科技〔2019〕3号

各有关单位：

受国家能源局委托，电力规划设计总院组织编制完成了2018年水平的限额设计指标。根据目前工程造价控制的实际需要，指标按《火电工程限额设计参考造价指标》和《电网工程限额设计控制指标》两册分别出版。

本次编制工作对基本方案作了部分设计优化，完善了模块的设置，根据《电力建设工程概算定额》（2013年版）及《电网工程建设预算编制与计算规定》《火力发电工程建设预算编制与计算规定》（2013年版），结合施工图工程量，对原有指标进行了调整，在设备材料价格选取方面体现了从严控制的原则，总体造价更加贴近市场水平。

2018年水平限额指标编制完成后，经过广泛征求意见和专家评审，并向国家能源局进行了汇报，现印发实施。如在执行中遇到问题，请及时告知电力规划设计总院。

附件：1. 火电工程限额设计参考造价指标（2018年水平）（另发）

2. 电网工程限额设计控制指标（2018年水平）（另发）

电力规划设计总院（印）

2019年4月8日

总　说　明

根据我国电力工程技术发展的需要，电力规划设计总院受国家能源局委托在 2017 年水平限额设计参考造价指标基础上，依据 2018 年度火电工程初步设计及施工图资料，采用国家能源局 2013 年 8 月发布的《火力发电工程建设预算编制与计算规定》（2013 年版）、《电力建设工程概算定额》（2013 年版）、《电力建设工程概算定额估价表》（2013 年版）以及 2018 年设备、材料（北京地区）价格，编制了常规燃煤火力发电厂工程限额设计参考造价指标（2018 年水平）及 2017～2018 年结算性造价指数和 400MW 等级及 180MW 等级的燃气－蒸汽联合循环发电机组的参考造价，它反映了 2018 年火电工程基本建设的造价水平及 2017～2018 年造价变化情况，同时根据工程实际情况在 2017 年限额设计参考造价指标的基础上对部分技术条件做了调整，并对参考电价做了调整。

其主要作用是：

（1）作为动态管理的依据；

（2）作为设计部门编制可行性研究报告投资估算、初步设计概算及进行对比分析的参考；

（3）作为政府主管部门核准项目投资的参考；

（4）作为各发电公司编制宏观规划的参考资料；

（5）作为项目法人控制工程投资的参考。

本参考造价指标适用于 300MW 级、600MW 级、1000MW

级燃煤机组、400MW 级和 180MW 级的燃气－蒸汽联合循环发电机组新建、扩建工程项目。当工程的技术条件与基本方案不同时，应根据调整指标、主要厂址条件等做修正，并考虑地区调整因素。

目　录

一、2×350MW 国产超临界燃煤机组火电工程限额设计参考造价指标及调整模块

（一）编制说明

1. 主要编制依据

（1）主要设备价格以中国电能成套设备有限公司提供的资料为基础，并综合考虑各发电集团公司意见，同时参照实际工程招标情况做了部分修正。

（2）建筑、安装工程主要材料价格采用北京地区 2018 年价格，其中安装材料的实际价格以电力建设工程装置性材料价格资料为基础，并结合 2018 年实际工程招标价格作了综合测算。人工工资、定额材料机械调整执行电力工程造价与定额管理总站《关于发布 2013 版电力建设工程概预算定额 2018 年度价格水平调整的通知》（定额〔2019〕7 号）。

（3）定额采用国家能源局 2013 年 8 月发布的《电力建设工程概算定额》（2013 年版）、2016 年 11 月发布的《电力建设工程定额估价表》（2013 年版），部分项目采用《北京市建筑工程概算定额》。

（4）费用标准按照电力工程造价与定额管理总站《关于发布电力工程计价依据营业税改征增值税估价表的通知》（定额〔2016〕45 号）2013 年 8 月由国家能源局发布的《火力发电工程建设预算编制与计算规定》（2013 年版），其他政策文

件依照惯例使用至 2018 年年底止。

（5）国产机组造价内已含少量必要的进口设备、材料费用，进口汇率按 1USD=6.863RMB，其相应的进口费用已计入设备材料费中，其中的关税按《中华人民共和国进出口关税条例》中的优惠税率计。

（6）抗震设防烈度按 7 度考虑。

（7）本指标价格只计算到静态投资，基本预备费率为3%。

2. 编制范围

本指标不包括下列内容：

（1）灰渣综合利用项目（指厂外项目）；

（2）厂外光纤通信工程；

（3）地方性的收费；

（4）项目融资工程的融资费用；

（5）价差预备费；

（6）建设期贷款利息。

3. 基本技术组合方案说明

与 2017 年水平相比，基本方案未做调整。

4. 费用变化说明

取价原则变化，价格水平贴近市场，采用中等偏低价格。

5. 调整指标及模块有关说明

与 2017 年水平相比，模块未做调整。

每个模块列出的明细表仅为该模块各方案间有差异的主要内容，模块方案造价不只包含明细表中列出的内容，模块造价为静态投资，含模块界限内的建筑、设备、安装费用，不含其他费用、材料价差及基本预备费，模块各方案造价的边界一致，可以互换，个别模块需要与其他模块联合使用。若现有调整模块不能覆盖实际工程的技术条件时，造价分析时可根据工程实际情况自行调整。

（二）2×350MW 机组参考造价指标

机组容量			2018 年参考造价指标 （元/kW）
350MW 超临界供热	两台机组	新建	4038
		扩建	3395

注　1."扩建"指在规划容量内连接扩建 2 台同型机组，详细技术条件与工程量见 2×350MW 机组基本技术组合方案，在其他条件下必须进行调整。

2. 依托老厂、机组类型大于上期的建设项目，单位千瓦造价约为新建工程的 92%。

（三）各类费用占指标的比例

机组容量	建筑工程费用（%）	设备购置费用（%）	安装工程费用（%）	其他费用（%）	合计（%）
2×350MW 超临界供热	28.46	39.21	17.97	14.36	100

（四）2×350MW 机组新建工程其他费用汇总表

序号	工程或费用名称	2018 年其他费用（万元）
一	建设场地占用及清理费	8492
二	项目建设管理费	6819
三	项目建设技术服务费	9824

序号	工程或费用名称	2018 年其他费用 （万元）
四	整套启动试运费	2664
五	生产准备费	2944
六	大件运输措施费	200
	合计	30 943

注　不含基本预备费，不含脱硫、脱硝装置系统的其他费用。

（五）2×350MW 机组新建工程主要参考工程量

序号	项目名称	单位	2018 年参考 工程量
一	主厂房体积	m^3	293 878
1	汽机房体积	m^3	141 711
2	除氧煤仓间体积	m^3	63 949
3	炉前封闭体积	m^3	9798
4	锅炉运转层以下封闭体积	m^3	45 128
5	集控楼体积	m^3	16 323
6	热网加热站体积	m^3	16 969
二	热力系统汽水管道，其中：	t	1820
1	高压管道	t	810
（1）	主蒸汽管道	t	240
（2）	再热蒸汽（热段）	t	234

序号	项目名称	单位	2018 年参考工程量
（3）	再热蒸汽（冷段）	t	150
（4）	主给水管道	t	186
2	中低压管道	t	1010
三	烟风煤管道	t	1860
四	热网系统管道	t	650
五	热力系统保温油漆（含炉墙保温）	m³	11 603
六	全厂电缆，其中：	km	1398
1	电力电缆	km	248
2	控制电缆	km	1150
七	电缆桥架（含支架）	t	698
八	土建主要工程量		
1	主厂房基础	m³	3800
2	主厂房框架	m³	6366
3	主厂房吊车梁	m³	158
4	钢煤斗	t	457
5	汽轮机平台	m²	4427
6	主厂房钢屋架	t	420
九	建筑三材量		
1	钢筋	t	20 392

序号	项目名称	单位	2018 年参考工程量
2	型钢	t	9363
3	木材	m³	383
4	水泥	t	80 343
十	厂区占地面积	hm²	23
十一	施工租地面积	hm²	20

注 1. 主厂房体积含集控楼体积、锅炉运转层以下部分体积。

2. 建筑三材量不包括铁路、码头、地基处理部分。

3. 锅炉的本体管道保温按照工程量项目划分原则归入全厂保温油漆的量中。

4. 高压管道工程量计算以锅炉 K1 柱外 1m 为界。K1 柱处主汽管道标高为 57.7m，再热冷段管道标高为 38.8m，再热热段管道标高为 67.8m，主给水管道标高为 30.5m。

5. 不含脱硫、脱硝装置系统各项工程量。

6. 电缆桥架采用镀锌钢材。

（六）建筑材料及征地价格

序号	项目名称	单位	2018 年实际单价（不含税）
一	建筑三材		
1	水泥	元/t	517
2	木材	元/t	1897
3	钢筋	元/t	3457
4	型钢	元/t	3504

序号	项目名称	单位	2018年实际单价（不含税）
5	钢板	元/t	3698
二	征地		
1	厂区及厂外道路	元/亩	120 000
2	灰场	元/亩	70 000
三	租地	元/亩	5000

（七）350MW 机组装置性材料实际综合价格

序号	材料名称	单位	2018年参考单价（不含税）
			超临界
1	主蒸汽管道 P91	元/t	67 077
2	再热蒸汽管道（热段 P22/P91）	元/t	70 657
3	再热蒸汽管道（冷段）	元/t	24 186
4	主给水管道（15NiCuMoNb5-6-4）	元/t	39 967
5	锅炉排污、疏放水管道	元/t	10 319
6	汽轮机抽汽管道	元/t	21 874
7	辅助蒸汽管道	元/t	16 213
8	加热器疏水、排气、除氧器溢放水管道	元/t	20 190

序号	材料名称	单位	2018年参考单价（不含税）
			超临界
9	凝汽器抽真空管道	元/t	13 683
10	汽轮机本体轴封蒸汽及疏水系统	元/t	11 065
11	汽轮发电机组油、氮气、二氧化碳、外部冷却水系统管道	元/t	20 841
12	给水泵汽轮机本体系统管道	元/t	22 099
13	主厂房循环水、冷却水管道	元/t	10 546
14	主厂房内空气管道	元/t	15 950
15	中低压给水管道	元/t	20 174
16	0号柴油	元/t	6065
17	烟道	元/t	7049
18	热风道	元/t	7836
19	冷风道	元/t	7206
20	送粉管道	元/t	8645
21	原煤管道	元/t	5783
22	制粉管道	元/t	7348
23	岩棉	元/m³	350

序号	材料名称	单位	2018 年参考单价（不含税）
			超临界
24	硅酸铝	元/m³	597
25	微孔硅酸钙	元/m³	1136
26	超细玻璃棉	元/m³	986
27	电力电缆　　6kV 以上	元/m	208
28	电力电缆　　6kV 以下	元/m	68
29	电气控制电缆	元/m	10
30	热控电缆	元/m	9
31	计算机电缆	元/m	8
32	补偿电缆（综合价）	元/m	20
33	共箱母线（铝）	元/m	3720
34	共箱母线（交流励磁）（铜）	元/m	4097
35	共箱母线（直流励磁）（铜）	元/m	2466
36	电缆桥架（钢）	元/t	6771
37	电缆支架（钢）	元/t	4951

注　炉墙砌筑材料价格在保温材料中统一体现。

（八）350MW 机组设备参考价格

序号	设备名称	规格型号	设备台套单位	2018 年参考价（万元）
一	热力系统			
1	锅炉（烟煤）	1100t/h，超临界（不含节油点火装置）	台	12 400
2	锅炉（褐煤）	1100t/h，超临界（不含节油点火装置）	台	13 600
3	循环流化床锅炉	1188t/h，超临界（不含节油点火装置）	台	15 900
4	节油点火装置	等离子点火装置，4 支（1 层）	套/炉	260
5	节油点火装置	小油枪点火装置，4 支（1 层）	套/炉	90
6	汽轮机	350-24.2/566/566（含DEH），供热	台	6450
7	发电机	QFSN-350-2 型（含静态励磁）	台	4150
8	中速磨煤机	HP-863 型/MPS-180 型/ZGM95 型（含密封风机等）	台	300
9	中速磨煤机	MPS200-HP-Ⅱ 型/ZGM113 型（含密封风机等，配国产减速机），适用于褐煤	台	350

序号	设备名称	规格型号	设备台套单位	2018年参考价（万元）
10	钢球磨	350/600（含钢球、润滑油、密封风机等）	台	275
11	双进双出磨煤机	400/660，煤位测量装置进口（含钢球、润滑油、密封风机等）	台	750
12	埋刮板输粉机	MSSF40型，双向防爆型，80t/h	台	35
13	埋刮板给煤机	MSD63A型，可调出力15～100t/h，7m内	台	19
14	电子称重式给煤机	出力60t/h	台	23
15	叶轮给粉机	GF-12型，额定出力4～12t/h	台	6
16	送风机（含电机）	动叶可调轴流式，$Q=513\,972m^3/h$，710kW	套	80
17	引风机（含电机）	静叶可调轴流式，$Q=1\,178\,352m^3/h$，2800kW	套	115
18	引风机（含电机）	动叶可调轴流式，$Q=1\,178\,352m^3/h$，2100kW	套	150
19	引风机（含电机）	动叶可调轴流式，$Q=1\,178\,352m^3/h$，3400kW（引风机与增压风机合并）	套	210

序号	设备名称	规格型号	设备台套单位	2018年参考价（万元）
20	引风机（离心式）	双吸、双支撑离心式RJ48-DW3250F型（321.86m³/s，10 428Pa，4200kW，变频电动机）	套	177
21	一次风机（含电动机）	离心式，Q=295 920m³/h，1000kW	套	70
22	一次风机（含电动机）	动叶可调轴流式，Q=295 920m³/h，1200kW	套	110
23	排粉风机（含电动机）	M5-29-11　NO21.5D	套	40
24	低温省煤器	一级，质量450t	套	600
25	电除尘器	双室四电场（含高频电源），$\eta \geqslant 99.8\%$，1700t	套	1600
26	电除尘器	双室五电场（含高频电源），$\eta \geqslant 99.84\%$，2040t	套	1850
27	电除尘器	双室五电场（含高频电源），采用低低温技术，$\eta \geqslant 99.92\%$，2040t	套	2150
28	布袋除尘器	99.95%，标准状态下（氧含量6%）出口含尘浓度小于50mg/m³	套/炉	1950
29	电袋除尘器	99.95%，标准状态下（氧含量6%）出口含尘浓度小于50mg/m³（含高频电源）	套/炉	2200

序号	设备名称	规格型号	设备台套单位	2018年参考价（万元）
30	湿式除尘器	双室一电场（含电源），$\eta \geq 70\%$	套/炉	1300
31	50%给水泵汽轮机	给水泵汽轮机和进口蝶阀、MEH等仪表与控制系统	套	395
32	50%汽动给水泵	含前置泵	套	230
33	50%电动给水泵	635m³/h，22.06MPa（含进口液力耦合器，前置泵等）	套	425
34	30%电动给水泵	427m³/h，21.6MPa（含进口液力耦合器，前置泵等）	套	325
35	30%电动给水泵	427m³/h，21.6MPa（不含液力耦合器，含前置泵等）	套	180
36	50%电动给水泵	含进口液力耦合器、前置泵等，配北重机	套	490
37	液力偶合器	国产	台	70
38	凝汽器	钛管，18 000m²	台	2250
39	凝汽器	不锈钢304，18 000m²	台	864
40	凝汽器	不锈钢316，18 000m²	台	1116

序号	设备名称	规格型号	设备台套单位	2018年参考价（万元）
41	凝汽器	不锈钢317，18 000m^2	台	1440
42	凝汽器	不锈钢316L，18 000m^2	台	1170
43	凝汽器	不锈钢317L，18 000m^2	台	1530
44	闭式循环冷却器	卧式直流双流程1800t/h（钛管）	台	371
45	汽轮机旁路装置	35%，进口，简化型，配超临界机组（含就地仪表与执行器）	套	300
46	汽轮机旁路装置	配北重机型，高压70%，低压130%	套	590
47	除氧器及水箱	YYW-1050型、YYX-160型，0.981MPa	套	180
48	高压加热器	配超临界机组，三级卧式，主要阀门进口	套	620
49	立式高压加热器	配北重机型	套	600
50	低压加热器	四级卧式，主要阀门进口	套	470
51	凝结水泵	100%，953m^3/h，3MPa，965kW	台	50
52	凝结水泵	50%，454m^3/h，500kW	台	45

序号	设备名称	规格型号	设备台套单位	2018年参考价（万元）
53	真空泵	75kg/h，每台机配2台，1用1备	台	40
54	汽机房行车	75/20t，跨度25.5m，大梁加固100t	台	130
二	燃料供应系统			
55	翻车机	C型单车翻车机及其调车系统，Q=25节/h	套	1050
56	斗轮堆取料机	1500/1000t/h，臂长30m，折返式	套	830
57	斗轮堆取料机	1000/1000t/h，臂长30m，折返式	套	780
58	圆形煤场堆取料机	圆形煤场直径100m，门式	台	1100
59	活化给煤机	Q=800t/h	台	80
60	输煤皮带机	1200mm（含胶带，不含皮带机保护元件，减速器为中外合资产品）	m	0.65
61	输煤皮带机	1400mm（含胶带，不含皮带机保护元件，减速器为中外合资产品）	m	0.8

序号	设备名称	规格型号	设备台套单位	2018年参考价（万元）
62	输煤皮带机	1600mm（含胶带，不含皮带机保护元件，减速器为中外合资产品）	m	0.9
63	环（锤）式碎煤机	800t/h	台	55
64	环（锤）式细碎机	$Q=600t/h$（进口）	台	350
65	滚轴筛	$Q=1000t/h$	台	28
66	皮带给煤机	$B=1600mm$，$Q=350\sim860t/h$	台	30
67	桥式叶轮给煤机	$B=1200mm$，$Q=300\sim1000t/h$，带变频调速	台	30
68	环式给煤机	单环式，配直径22m筒仓	台	90
69	环式给煤机	双环式，配直径36m筒仓	台	330
70	推煤机	TY220型	台	80
71	装载机	ZL50	台	35
72	火车取样装置	门式，跨距6m，用于单台翻车机(缩分、破碎、液压装置进口，减速器为中外合资产品）	台	65

序号	设备名称	规格型号	设备台套单位	2018年参考价（万元）
73	火车取样装置	桥式，跨距13.5m，用于双线火车卸煤沟（缩分、破碎、液压装置进口，减速器为中外合资产品）	台	75
74	汽车取样装置	缩分、破碎、液压装置进口，减速器为中外合资产品	台	60
75	皮带中部取样装置	$B=1200mm$双取样头，对应1套二级缩分、一级破碎、回煤装置（用于入炉煤，取样头、缩分、破碎装置进口）	台	70
76	动态轨道衡	断轨	台	35
77	动态轨道衡	不断轨	台	60
78	二工位头部伸缩装置	$B=1200mm$	台	28
79	三工位头部伸缩装置	$B=1200mm$	台	38
80	运煤系统一次元件（新建）	包括双向拉绳开关、二级跑偏开关、胶带纵向撕裂检测装置、煤流检测装置、速度检测装置、堵煤信号、原煤仓高（低）和连续料位信号等	套	80

序号	设备名称	规格型号	设备台套单位	2018年参考价（万元）
81	运煤系统一次元件（扩建）	包括双向拉绳开关、二级跑偏开关、胶带纵向撕裂检测装置、煤流检测装置、速度检测装置、堵煤信号、原煤仓高（低）和连续料位信号等	套	30
三	除灰系统			
82	气力除灰	输灰、控制、除尘设备等（不含管道、空压机），输送距离500m，单台炉除灰系统出力60t/h，双室五电场电除尘器，2×16+2×3个灰斗	套/2炉	470
83	刮板捞渣机	单侧捞渣机（含关断门、渣井及液压控制装置等）出力7~30t/h，长度22m	台	260
84	刮板捞渣机	单侧捞渣机（含关断门、冷渣斗、液压控制装置等）出力7~30t/h，长度48m	台	340
85	干式排渣机	含渣井、关断门、碎渣机、渣仓、控制、斗式提升机，出力6~20t/h，长度30m	套	420

序号	设备名称	规格型号	设备台套单位	2018年参考价（万元）
86	自卸汽车	17t	台	45
87	灰渣泵（含电机）	离心式，Q=380m^3/h，H=59.4m（含调速）	套	30
88	柱塞泵	PZNB-130/6，315kW（含电动机）	台	70
89	脱水仓	D=10m，两个脱水仓（含支架）	套	180
90	浓缩机	8m	台	40
四	水处理系统			
91	超滤装置	含加药装置、进水泵、保安过滤器、反洗水泵、水箱、膜组件、换热器等	t/h	1.2
92	反渗透装置	含加药装置、反洗水泵、升压泵、保安过滤器、水箱、膜组件、换热器等	t/h	1.5
93	制氢装置	含程控，无人值守，3个罐，10m^3/h（标准状态下）	套	260
94	水汽集中取样分析装置	部分仪表进口，常规仪表国产（不含凝汽器检漏）	套	100

序号	设备名称	规格型号	设备台套单位	2018年参考价（万元）
95	凝结水精处理装置	两机一套再生装置（含程控、树脂），配2×50%前置过滤+3×50%混床，配超临界机组	套/2机	1000
五	供水系统			
96	循环水泵	立式斜流泵，22m，5m³/s（含电动机，电动机功率1600～2000kW）	台	180
97	直接空冷设备	包括空冷凝汽器、A型架、隔墙、蒸汽分配管、风机桥架、防护网	万m²	39
98	空冷风机	直径9.15m，功率132kW（含变频器、风机筒、电机、齿轮箱）	台	41
99	间接空冷设备	包括散热器管束、冷却三角框架、支撑件、百叶窗、散热器清洗系统、塔内管道。管束垂直布置	万m²	41
六	电气系统			
100	主变压器	SFP10-370 000/220型	台	940
101	主变压器	SFP10-370 000/330型	台	1140
102	主变压器	SFP10-370 000/500型	台	1280

序号	设备名称	规格型号	设备台套单位	2018年参考价（万元）
103	主变压器	SFP10-420 000/220 型	台	1020
104	断路器	SF6-220，50kA，罐式	台	75
105	断路器	SF6-220，50kA，柱式	台	33
106	断路器	SF6-220，50kA，柱式（合资）	台	40
107	高压厂用变压器	无载调压 SFF-50 000/20 型，50/31.5-31.5MVA	台	310
108	启动/备用变压器	有载调压 SFF2-50 000/220 型，50/31.5-31.5MVA（进口开关）	台	490
109	启动/备用变压器	有载调压 SFF2-50 000/330 型，50/31.5-31.5MVA（进口开关）	台	510
110	220kV GIS	断路器间隔（含主母线及分支母线）	间隔	145
111	220kV GIS	母线设备间隔	间隔	60
112	高压开关柜	KYN-10 型，3150A，40kA（进口开关）	台	18
113	高压开关柜	KYN-10 型，3150A，40kA	台	14

序号	设备名称	规格型号	设备台套单位	2018年参考价（万元）
114	高压开关柜	KYN-10 型，1250～1600A，40kA	台	11
115	高压开关柜	KYN-10 型，TV 柜	台	4.5
116	高压开关柜	F-C 单回路，40kA	台	8
117	低压开关柜	PC，主厂房内	台	6.5
118	低压开关柜	MCC，主厂房内	台	4.5
119	输煤程控装置	上位机、PLC、网络通信电缆、输煤工业电视系统，不包括传感器	套	180
120	交流不停电电源装置	80kVA 单台（三相输入，单相输出）	套	40
121	网络监控系统	微机监控系统（国产）	套	150
122	柴油发电机	650kW，主机进口	台	120
七	热工控制系统			
123	分散控制系统	包括 DAS、MCS、SCS（含电气控制）、FSSS 等 4 功能子系统，配 5 个操作员站等人机接口设备，I/O 点规模为 6200 点	套	350

序号	设备名称	规格型号	设备台套单位	2018年参考价（万元）
124	除渣程控装置	包括 PLC 程控、操作员站、软硬件系统、机柜、就地仪表和执行机构	套	70
125	化学补给水程控装置	包括 PLC 程控、操作员站、软硬件系统、机柜、就地仪表和执行机构	套	175
126	燃油泵房程控装置	包括 PLC 程控、操作员站、软硬件系统、机柜、就地仪表和执行机构	套	60
127	空调仪表与控制系统	包括 PLC 程控、操作员站、软硬件系统、机柜、就地仪表和执行机构	套	52
128	火检及冷却风系统	根据炉型不同火检数量不同，按四角切圆燃烧方式，32 只火检，2 台冷却风机，进口	套	50
129	全厂工业闭路电视监视系统	150 点	套	130
八	附属生产工程			
130	启动锅炉及辅机	燃煤炉，20t/h，1.29MPa，300℃，链条炉	台	370

（九）2×350MW 机组基本技术组合方案

| 系统项目 | 2×350MW | |
名称	新　　建	扩建
一、热力系统		
1. 主厂房结构形式及布置	主厂房布置为三列式：即汽机房、除氧煤仓间和锅炉房，集中控制楼布置在两炉之间。汽机纵向，机头朝向固定端，汽机房跨度30m，煤仓间跨度11.5m（柱中心线间距），炉前跨7.2m，柱距9m。厂房长 145.5m，运转层标高12.6m；主厂房钢筋混凝土结构，汽机房厂房体积 141 711m³、煤仓间体积 63 949m³、炉前封闭体积9798m³；锅炉运转层以下封闭体积45 128m³，集控楼16 323m³；热网加热站 16 969m³；主厂房体积293 878m³	同左
2. 锅炉	1200t/h，超临界，直流炉（全钢构架，同步脱硝，含等离子点火装置），2 台	同左
3. 汽轮机	超临界、单抽凝汽式汽轮机，额定抽汽量为550t/h，2 台	同左
4. 发电机	QFSN-350-2 型，2 台	同左

系统项目	2×350MW	
名称	新　　　建	扩建
5. 制粉系统	中速磨煤机 10 台，ZGM95N-I型	同左
6. 风机	送风机：动叶可调轴流式，139.95m^3/s，电动机功率 900kW，4 台；引风机：动叶可调双级轴流式，343.43m^3/s，电动机功率 3500kW，4 台；一次风机：动叶可调轴流式，风量 75.4m^3/s，4 台，电动机功率 1300kW	同左
7. 除尘系统	静电除尘器，双室五电场，效率≥99.84%	同左
8. 四大管道材质	主汽管道（P91）、再热热段（P91）、再热冷段（A672B70CL32）、主给水管道（15NiCuMoNb5-6-4）	同左
9. 凝结水泵	1041m^3/h，3234kPa（330mH$_2$O），100%流量，4 台，"一拖二"变频	同左
10. 旁路	高低压两级串联，30%容量国产气动简化旁路	同左
11. 给水泵	汽动给水泵，637m^3/h，31 487.4kPa（3213mH$_2$O），50%流量，4 台；电动调速给水泵，30%流量，350m^3/h，2 台	同左

系统项目	2×350MW	
名称	新建	扩建
12. 热网系统	热网加热器，有效换热面积2400m^2，4台；热网循环水泵：Q=4100m^3/h，扬程1470kPa（150mH$_2$O），4台；热网补水除氧器：200t/h，1台；热网补水除氧水箱：50m^3，1台；热网补水定压泵：190m^3/h，扬程333.2kPa（34mH$_2$O），2台，变频；热网循环水泵入口滤水器Dn700，4台；厂区热网管道（供回水）管道规格DN1200/DN1200，长度：厂房内热网循环水管道长度192m，厂区管道710m，热网管道至厂区围墙外1m	同左
13. 锅炉真空清扫系统	固定式负压吸尘装置及配套管线2套	同左
14. 暖通系统	汽机房、锅炉房由屋顶通风器排至室外；集控楼空调系统选用风冷直接蒸发式空调机组2套组合空调机组；输煤系统脉冲布袋除尘器；外网系统	制冷站设备根据冷负荷扩容
15. 烟道支架	钢烟道支架为钢筋混凝土结构，主烟道为钢筋混凝土框架结构	同左

系统项目	2×350MW	
名　称	新　　　建	扩建
16. 引风机室	钢筋混凝土框架结构	同左
17. 送风机支架	钢筋混凝土框架结构	同左
18. 烟囱	210m/ϕ7m，1座，钢筋混凝土外筒、钛板复合板单内筒套筒式结构烟囱	同左
二、燃料供应系统		
1. 简要说明	运煤系统的设计出力按4×350MW机组容量考虑，土建部分本期一次建成，卸煤和储煤设施分期建设	
2. 卸煤	全部铁路敞车运煤进厂，翻车机室土建部分按2套一次建成，本期安装单车翻车机及其调车系统1套，1重1空1走行，折返式布置；活化给料机Q=500～800t/h，2台；动态轨道衡1台，火车取样机1台	单车翻车机及其调车系统1套，1重1空，折返式布置；活化给料机Q=500～800t/h，2台；火车取样机1台

系统项目	2×350MW	
名称	新　建	扩建
3. 储煤	煤场为封闭条形煤场，容量为 2×350MW 机组 10 天耗煤量；长度为 200m，宽度 100m，斗轮堆料机堆料出力 1500t/h，取料出力 1000t/h，臂长 35m，1 台；推煤机 2 台，装载机 1 台	煤场延长至煤场总容量为 4×350MW 机组 10 天耗煤量，增设 1 台装载机
4. 运煤	卸煤胶带机 B=1400mm，Q= 1500t/h，单、双路设置；胶带机总长 L=1166m，上煤胶带机 B= 1200mm，Q=1000t/h，单、双路设置；胶带机总长 L=1306m，原煤仓配煤方式采用犁煤器方案	煤场胶带机延长 L=160m；煤仓间胶带机延长 L=272m
5. 碎、筛煤	环锤式碎煤机 Q=800t/h，2 台；滚轴筛 Q=1000t/h，2 台	
6. 主要辅助建筑	输煤综合楼 1479m^2，推煤机库 400m^2	
7. 点火油罐	300m^3 钢油罐 2 个	
8. 含油污水处理	简易装置 1 套	

系统项目	2×350MW	
名称	新　　建	扩建
9. 栈桥、廊道	碎煤机室至主厂房段为钢结构支架、钢桁架、钢梁浇制板，压型钢板封闭，长319m；煤场至碎煤机室为钢筋混凝土结构，长67m；煤场至翻车机室段为钢筋混凝土结构，加气混凝土外墙，长53m，地下廊道长154m	
10. 转运站	钢筋混凝土结构	
11. 斗轮机基础	钢筋混凝土基础	
12. 翻车机室	钢筋混凝土结构，1座翻车机室按安装2台单车翻车机设计	
三、除灰系统		
1. 厂内除灰渣（石子煤）方式	灰渣分除，干灰集中至灰库，范围为除尘器灰斗法兰至灰库卸料设备出口，输送距离380m，单台炉除灰系统出力50t/h，双室五电场电除尘器；干式排渣机后接斗式提升机输送至渣仓，范围为锅炉炉灰斗水封插板出口至渣仓卸料设备出口，干式排渣机出力12～30t/h；电瓶叉车运输石子煤，分界点为中速磨石子煤斗出口	同左

系统项目	2×350MW	
名　称	新　　建	扩建
2. 厂外汽车运灰渣	运灰公路 5km，20 级路面，路面宽 7m，路基宽 8.5m，每 1km 设 25m 缓冲带（宽 12m），占地 60 亩；17t 自卸汽车，6 辆，2 个车位检修车库 150m²	
3. 灰场机械	8t 洒水车 1 辆，YZ16 自动碾压机 1 辆，YZS068 手动碾压机 1 辆，TY210B 推土机 1 辆	
4. 灰库	钢筋混凝土筒仓，无保温	同左
5. 除灰综合楼	钢筋混凝土框架结构	同左
6. 气化风机房	钢筋混凝土框架结构	同左
四、水处理系统		
1. 锅炉补给水处理系统（含热网补充水处理）	超滤反渗透、一级除盐加混床，超滤反渗透出力为 3×65t/h，一级除盐加混床出力为 2×80t/h	同左
2. 化验室	气：SF_6 分析；水、煤（含入厂煤、入炉煤）、油（含透平油、绝缘油、抗燃油）分析	
3. 水汽取样分析装置	含高温高压取样冷却装置及在线分析仪表，仪表配置原则按最新的化学技术规程	同左

系统项目	2×350MW	
名称	新　　建	扩建
4. 凝汽器检漏装置	无	
5. 凝结水精处理系统	2×50%前置过滤器+3×50%高速混床，两机合用一套再生装置、配7份树脂（注：循环冷却水水源采用河水、水库水等情况下，可选用2×50%高速混床系统，两机合用一套再生装置、配5份树脂）	同左
6. 循环水稳定处理装置	循环水加酸加稳定剂处理	同左
7. 循环水杀生处理装置	化学法制二氧化氯，设备容量为2×10kg/h 有效氯	同左
8. 给水炉水加药处理	炉内低磷酸盐处理，给水凝结水加氨、加联氨，两机合用一套加药系统	同左
9. 工业废水处理	相对集中处理，正常工况下回收利用，不外排，不包括含煤废水处理	
10. 制氢	$1×10m^3/h$（标准状态下）制氢加干燥储存装置	

系统项目	2×350MW	
名 称	新 建	扩建
11. 厂区管道	防腐管道	同左
12. 锅炉补给水处理车间（含除盐间、泵间、加药间、化学水办公楼、酸碱库及中和池）	钢筋混凝土框（排）架结构	同左
13. 凝结水精处理室	钢筋混凝土框（排）架结构	同左
14. 化验楼	砌体结构	同左
15. 循环水加药间	钢筋混凝土框（排）架结构	
16. 制氢站	钢筋混凝土框架结构	
17. 工业废水处理站	钢筋混凝土结构	同左

系统项目	2×350MW	
名称	新　　建	扩建
五、供水系统		
1. 供水方式	采用扩大单元制二次循环供水系统	同左
2. 冷却水塔	每台机配逆流式自然通风冷却塔 1 座，冷却塔淋水面积为 5000m²；考虑防冻和降噪隔声屏	同左
3. 循环水系统	两台机共用 1 座循环水泵房，泵房内安装 4 台循环水泵(立式斜流泵)，进水间和泵房全封闭，下部结构 24.5m×21m×8.5m（长×宽×深），地上结构 23m×35m×16.7m（长×宽×高）；循环水压力管道采用焊接钢管，2×DN2400，总长 L=1800m	同左
4. 补给水系统	补给水为中水，补给水泵房设 3 台补给水泵，土建按 5 台泵一次建成	增设 2 台水泵
5. 补给水管线	1×DN700，长度 L=5km	同左
6. 中水调节蓄水池	10 000m³，钢筋混凝土结构	同左

系统项目	2×350MW	
名 称	新 建	扩 建
7. 中 水 备 用 水 系 统	备用水泵房设 3 台补给水泵，土建按 4 台机组规模 5 台泵一次建成。下 部 结 构 19m×16.9m×20.48m（长×宽×深），上部结构 14m×25m×13.5m（长×宽×高）；自流引水管 300m，钢制喇叭口取水头；输水管 1×DN700，长度 L=15km	增设 2 台水泵，输水管同左
六、电气系统		
1. 出 线 回 路	2 回	同左
2. 配 电 装 置	220kV 屋外中型，双母线（不设旁路母线），采用国产柱式 SF$_6$ 断路器	同左
3. 主 变 压 器	220kV 变压器三相双绕组（420 000kVA），2 台	同左
4. 高 压 厂用电源	每台机组设 1 台 50/31.5–31.5MVA 分裂绕组高压厂用变压器	设 1 台 40/25-25MVA 高压厂用变压器
5. 高 压 厂 用 断 路 器	真空断路器与 F-C（单回路）组合；电源回路采用国产化真空断路器；馈线柜采用全国产设备，1250kVA 及以下低压厂用变压器回路和 1000kW 及以下电动机回路采用 F-C 设备	同左

系统项目	2×350MW	
名称	新建	扩建
6. 启动/备用电源	由厂内220kV母线架空引接一回线,设1台有载调压分裂变压器,容量50/31.5-31.5MVA,正常运行时不带负荷	设1台有载调压分裂变压器,容量40/25-25MVA
7. 事故保安电源	每台机组设置1台630kW柴油发电机组(含供脱硫系统保安负荷120kW左右)	同左
8. 交流不停电电源	每台机组设置1台80kVA UPS装置	同左
9. 网络控制系统	220kV配电装置规模为8个间隔(2进、2出、1个母联、1个启动/备用电源、2个母线电压互感器及避雷器间隔),网络控制配置微机监控系统一套,就地设继电器小室,数据采集装置按间隔配,双上位机(操作员站)	增加本期数据采集单元
10. 直流系统	控制、动力分开供电,每台机组包括控制2组110V蓄电池、配高频开关电源型充电装置2组(模块$n+1$配置),动力1组220V蓄电池、配高频开关电源型充电装置1组(模块$n+1$配置),直流屏、绝缘检查装置、电池检测装置	同左

系统项目	2×350MW	
名称	新建	扩建
11. 发电机–变压器组保护	发电机–变压器组保护采用双套保护装置，保护屏10面	同左
12. 输煤控制系统	程控系统；按4×350MW规划容量考虑程控装置：2套上位机（操作员站），PLC控制，I/O点数1000点左右，2~3个远程站，包括网络通信电缆；输煤工业电视系统：4个显示器，16个摄像头（2个彩色变焦，14个黑白），矩阵切换器等，包括传感器	根据工程实际情况，考虑适当增加I/O点及摄像头数量
13. 全厂高压开关柜(含F-C)	共123面（不设公用段，不含脱硫）	107面
14. 升压站	220kV屋外式，钢筋混凝土离心杆柱、钢桁架梁	同左
15. A列外构筑物	构架为钢筋混凝土离心杆柱、钢桁架梁，设备基础为钢筋混凝土基础	同左
七、系统二次		
1.继电保护	220kV线路保护4套、母线保护2套、每台断路器配置1套断路器保护、配置线路故障录波器屏1面、保护及故障录波信息管理子站1套、行波测距装置1套及安全稳定控制装置2套	同左，已有系统按扩容考虑

系统项目	2×350MW	
名 称	新　　建	扩建
2. 调度自动化	远动与网控统一考虑；配置 AGC/AVC 测控柜 1 套；220kV 出线侧、启动备用变压器高压侧配置主/校、0.2S 级关口表；机组出口侧配置单、0.5S 级考核表；电能表处理器 1 套，计费小主站 1 套；调度数据网接入设备、二次系统安全防护设备各 1 套；功角测量装置、电厂竞价辅助决策系统、发电负荷考核系统各 1 套	同左，已有系统按扩容考虑
3. 通信	配置 2 套 SDH 622Mb/s 光端机；96 门调度程控交换机 1 台；–48V 高频开关电源 2 套，500AH 蓄电池 2 组；至调度端 PCM 2 对；通信机房动力环境监视纳入电厂网控系统统一考虑；载波通道 4 路（根据工程实际需要配置）	同左，已有系统按扩容考虑
八、热工控制系统		
1. 分散控制系统（DCS）	包括 DAS、MCS、SCS、FSSS 等 4 个功能子系统(包括电气控制纳入 DCS，不包括大屏幕)，2 套	同左
2. 汽轮机控制系统（DEH）	高压抗燃油伺服系统，纯电液数字调节方式，2 套	同左

系统项目	2×350MW	
名称	新　　建	扩建
3. 汽轮机危急遮断系统（ETS）	采用 PLC 或 DCS 实现保护功能，2套	同左
4. 汽轮机安全监测仪表（TSI）	含汽轮机转速、汽轮发电机轴承振动、轴向位移、差胀、缸胀、偏心、键相等功能，2套	同左
5. 汽轮机振动分析和故障诊断系统（TDM）	含工控机、分析软件、专家诊断软件等，2台机组合配1套人机界面	同左
6. 吹灰程控及烟温探针系统	包括吹灰程控软硬件及动力柜和烟温探针就地仪控设备，2套	同左
7. 除灰、除渣仪表与控制系统	采用PLC程控（包括系统软件、应用软件、硬件系统、机柜、人机界面）及就地压力、温度、流量、物位仪表和电磁阀箱、配电箱等，1套	同左
8. 化学补给水仪表与控制系统	采用PLC程控（包括系统软件、应用软件、硬件系统，机柜、人机界面）及就地压力、温度、流量、分析仪表和电磁阀箱等，1套	按工艺情况增加相应仪表控制设备

系统项目	2×350MW	
名称	新建	扩建
9. 凝结水精处理仪表与控制系统	采用PLC程控（包括系统软件、应用软件、硬件系统、机柜、人机界面）及就地压力、温度、流量、分析仪表和电磁阀箱等，1套	同左
10. 燃油泵房仪表与控制系统	采用PLC程控装置，包括压力、流量、液位、温度等仪表和配电箱等，1套	
11. 启动锅炉房仪表与控制系统	包括压力、流量、温度等仪表、执行机构以及控制系统，1套	
12. 废水处理仪表与控制系统	采用PLC程控（包括系统软件、应用软件、硬件系统、机柜、人机界面）及就地压力、温度、流量、分析仪表和电磁阀箱等，1套	按工艺情况增加相应仪表控制设备
13. 空调仪表与控制系统	采用独立的控制系统，包括就地压力、温度、流量等仪表和执行机构，1套	同左
14. 全厂工业闭路电视系统	数字式系统，包括云台、传输光（线）缆、视频服务器、交换机、监视器等；监测点（摄像头）150点，1套	根据监测范围调整监测点数
15. 全厂火灾探测报警系统	重要感温、感烟传感器进口，包括预制电缆，1套	同左

系统项目	2×350MW	
名称	新　　　建	扩建
16. 辅助系统集中控制网络	包括上位机、网络、接口、软件、预制电缆等，1～3套	控制网络扩容
17. 厂级自动化系统	厂级监控信息系统和管理信息系统	当电厂无此系统时，可按新建处理
九、附属生产工程		
1. 启动锅炉	燃煤炉，20t/h，链条炉，2台	
2. 启动锅炉房	钢筋混凝土框（排）架	
3. 材料库	2500m²	
4. 综合检修间	2500m²	
5. 生产附属及公共福利工程	办公楼 2400m²，食堂 500m²，浴室 200m²，招待所 600m²，夜班宿舍 900m²，检修公寓 1200m²	
6. 厂区及施工区土石方	20 万 m³	20 万 m³

系统项目	2×350MW	
名　称	新　　建	扩建
十、交通运输工程		
1. 铁路	Ⅱ级工企铁路标准，厂外10km（含接轨站改造），厂内2.7km	厂内增加1.8km
2. 公路	三级厂矿道路标准，厂外2km，20级路面，路面宽7m，路基宽8.5m	
十一、地基处理	主厂房、烟囱、汽轮机基础、锅炉、集控楼、电除尘、送风机支架、引风机支架、烟道支架和输煤转运站等采用25m左右450mm×450mm预制钢筋混凝土桩，部分辅助附属建筑物采用复合地基	同左
十二、灰场	事故备用灰场，可供2×350MW机组使用6个月左右；占地面积100m×200m，设计堆灰高度5m；库底铺设防渗土工膜	同左
十三、脱硫装置系统		
1. 烟气及SO₂吸收系统及其他系统	石灰石-石膏湿法烟气脱硫工艺（1炉1塔），含硫量1.3%，脱硫效率98.6%，吸收塔除尘效率50%，不含GGH，10台循环泵，4台氧化风机；烟气系统接口范围：从引风机出口接出经脱硫装置脱硫后接至烟囱入口；工艺水系统接口范围：从电厂循环水和电厂工业水接至脱硫岛外1m；压缩空气系统：从电厂压缩空气系统接至脱硫岛外1m	同左

系统项目	2×350MW	
名　称	新　　建	扩建
2. 石灰石制备系统	粒径不大于 20mm 的石灰石块进厂，脱硫岛内设湿磨制浆车间，2 台 100%出力的湿式球磨机；范围:从自卸卡车将石灰石块卸至地下料斗开始，至石灰石浆液泵出口为止	同左
3. 石膏脱水系统	一级浆液旋流器和二级皮带脱水机石膏脱水系统，2 套石膏浆液旋流器，2 台 100%出力的真空皮带脱水机，脱水后石膏储存于石膏储存间；范围:从吸收塔浆液排出泵出口开始至副产品石膏堆放于石膏库房内为止	同左
4. 电气系统	脱硫负荷由高压厂用工作母线引接，2 台炉设低压脱硫变压器 2 台，互为备用，交流事故保安负荷由机组保安电源统一供给,单独设 1 套交流不停电电源（UPS）	同左
5. 热控系统	主控制系统采用 2 套 FGD-DCS；脱硫闭路电视监视系统 1 套；火灾探测与报警系统 1 套；每台机组烟气连续监测装置（烟气进、出口）2 套；脱硫 pH 计、物位仪、电磁流量仪、浆液分析仪、电动/气动执行机构、变送器、测量元件等就地仪表 2 套	同左

系统项目	2×350MW	
名称	新　　建	扩建
6. 电气控制综合楼	钢筋混凝土框架	同左
7. 烟道支架	钢结构	同左
十四、脱硝装置系统		
1. 尿素储存及热解制氨气系统	尿素法:袋装尿素采用人工卸车并储存在尿素储仓内,散装颗粒尿素利用槽车上的车载风机卸入尿素储仓;固体尿素经溶解后储存在尿素溶液储存罐内,尿素溶液经热解器反应后生成氨气	同左
2. SCR反应系统	烟气在锅炉省煤器出口处被平均分为两路,每路烟气并行进入一个垂直布置的 SCR 反应器,即每台锅炉配有二个反应器,烟气经过均流器后进入催化剂层,然后烟气进入空预器、电除尘器、引风机和脱硫装置后,排入烟囱;烟气在进入催化剂前设有氨注入的系统,烟气与氨气充分混合后进入催化剂反应,脱去 NO_x;SCR 反应器入口 NO_x 浓度按 $260mg/m^3$(标准状态下)设计,脱硝效率≥89%	
	催化剂层数 3+1,初装 3 层,催化剂采用蜂窝式	

系统项目	2×350MW	
名称	新　建	扩建
2. SCR反应系统	脱硝系统不设置烟气旁路和省煤器高温旁路系统	
	脱硝装置支撑在炉后除尘器前的支架上，由锅炉厂设计、供货，脱硝装置平台、扶梯与锅炉平台连接	
3. 土建	包括脱硝反应器构架基础、构筑物、配电间、室外给、排水及消防系统及综合管架	

（十）2×350MW 机组调整模块表

序号	模块名称	技　术　条　件	造价合计（万元）
	热力系统		
	1. 炉型		
一		包括锅炉本体、风机、除尘装置、制粉系统、烟风煤管道、锅炉其他辅机、高压管道和相关保温（包括锅炉本体保温含砌筑、烟风煤管道保温、电除尘保温、高压汽水管道保温，不包括汽轮发电机组本体保温和中低压汽水管道保温）	

序号	模块名称	技 术 条 件	造价合计（万元）
		其中：建筑工程费 9981 万元，设备购置费 34 276 万元，安装工程费 20 124 万元，材差−1243 万元	63 138
一	A. 烟煤	汽机纵向，机头朝向固定端，汽机房跨度 30m，煤仓间跨度 11.5m（柱中心线间距），炉前跨 7.2m，柱距 9m，厂房长 145.5m，运转层标高 12.6m；主厂房钢筋混凝土结构，汽机房厂房体积 141 711m³、煤仓间体积 63 949m³、炉前封闭体积 9798m³、锅炉运转层以下封闭体积 45 128m³	
		1200t/h，烟煤炉，2 台	
		中速磨煤机 10 台，ZGM95N-I 型	
		送风机：动叶可调轴流式，139.95m³/s，4 台	
		引风机：静叶可调轴流式，343.43m³/s，4 台	
		一次风机：动叶可调轴流式，风量 75.4m³/s，4 台	
		双室五电场静电除尘器，4 台	
		烟风煤管道	

序号	模块名称	技 术 条 件	造价合计（万元）
一	A. 烟煤	主汽管道（P91），再热热段（P91），再热冷段（A672B70CL32），主给水管道（15NiCuMoNb5-6-4）	65 357
		其中：建筑工程费 11 752 万元，设备购置费 35 753 万元，安装工程费 18 570 万元，材差–718 万元	
	B. 贫煤	汽机纵向，机头朝向扩建端，主厂房钢筋混凝土结构，汽机房跨度 27m，除氧间跨度 9m，煤仓间跨度 13m，炉前跨 7m，柱距 12m，厂房长 147.5m，运转层标高 12.6m；汽机房厂房体积 138 355m³、除氧间体积 44 250m³、煤仓间体积 96 465m³、炉前封闭体积 11 151m³、锅炉运转层以下封闭体积 33 012m³	
		1025t/h，贫煤炉，2 台	
		钢球磨煤机 8 台，MG3570 型，热风送粉	
		送风机：动叶可调轴流式 $Q=451\,835m^3/h$，4 台	
		引风机：静叶可调轴流式 $Q=1\,027\,440m^3/h$，4 台	

序号	模块名称	技 术 条 件	造价合计（万元）
一	B. 贫煤	一次风机：单吸双支承离心式，Q=169 551m³/h，4 台	
		双室五电场静电除尘器，4 台	
		烟风煤管道	
		主汽管道（P91），再热热段（P22），再热冷段（A672B70CL32），主给水管道（15NiCuMoNb5-6-4）	
		其中：建筑工程费 12 535 万元，设备购置费 36 688 万元，安装工程费 20 089 万元，材差-799 万元	68 513
	C. 褐煤	汽机纵向，机头朝向固定端，汽机房跨度 32m，煤仓间跨度 11m（柱中心线间距），炉前跨 6.5m，柱距 9m，厂房长 136.2m，运转层标高 12.6m；主厂房钢筋混凝土结构，汽机房厂房体积 136 989m³、煤仓间体积 71 684m³、炉前封闭体积 10 541m³、锅炉运转层以下封闭体积 51 858m³	
		1100t/h，褐煤炉，2 台	
		中速磨煤机 12 台，HP863 型，2 台备用	

序号	模块名称	技 术 条 件	造价合计（万元）
一	C.褐煤	送风机动叶可调轴流式 403 200，4 台	
		引风机静叶可调轴流式 $Q=$ 1 170 000m³/h，4 台	
		一次风机，离心式，4 台	
		双室五电场静电除尘器，4 台	
		烟风煤管道	
		主汽管道（P91），再热热段（P91），再热冷段（A672B70CL32），主给水管道（WB36）	
	D.无烟煤	其中：建筑工程费 11 163 万元，设备购置费 41 849 万元，安装工程费 18 792 万元，材差–480 万元	71 324
		汽机纵向布置，机头朝向固定端，主厂房为钢筋混凝土结构，锅炉露天布置,汽机房跨度27m，除氧间跨度 9m，煤仓间跨度13m，炉前跨度9m，厂房为不等柱距（10、12m），长 148.2m，C排至烟囱距离 129.03m，运转层标高 12.6m；汽机房厂房体积133 741m³、除氧间体积47 000m³、煤仓间体积79 929m³、炉前封闭体积10 886m³、锅炉运转层以下封闭体积48 969m³	

序号	模块名称	技 术 条 件	造价合计（万元）
一	D. 无烟煤	1025t/h，W 火焰炉，2 台	
		双进双出钢球磨煤机，D-10D 型，8 台	
		送风机动叶可调轴流式 Q=165m³/s，4 台	
		引风机静叶可调轴流式 Q=313m³/s，4 台	
		一次风机单吸双支承离心式 Q=55.2m³/s，4 台	
		双室五电场静电除尘器，4 台	
		烟风煤管道	
		主汽管道（P91），再热热段（P22），再热冷段（A672B70 CL32），主给水管道（15NiCu MoNb5-6-4）	
		每台机组增加：DCS 600 点、电动执行器 31 台、变送器增加 40 台、热电偶 50 只、风量测量装置 15 个、控制电缆 22km 等	
		减少 6kV 的 F-C 双回路开关柜 2 面	

序号	模块名称	技　术　条　件	造价合计（万元）
		2. CFB 锅炉机组	
一	热机范围	设备范围：包括锅炉系统设备，除灰渣系统到渣斗和灰库之前的设备，不包括灰渣运输车；工程量范围：包括烟风煤管道、高压管道和相关保温（包括锅炉本体保温含砌筑、烟风煤管道保温、电除尘保温、高压汽水管道保温，不包括汽轮发电机组本体保温和中低压汽水管道保温）	
		其中：建筑工程费 11 537 万元，设备购置费 36 528 万元，安装工程费 20 569 万元，材差 −704 万元	67 930
	A. 常规机组	汽机纵向，机头朝向固定端，汽机房跨度 30m，煤仓间跨度 11.5m（柱中心线间距），炉前跨 7.2m，柱距 9m，厂房长 145.5m，运转层标高 12.6m；主厂房钢筋混凝土结构，汽机房厂房体积 141 711m^3、煤仓间体积 63 949m^3、炉前封闭体积 9798m^3、锅炉运转层以下封闭体积 45 128m^3	

序号	模块名称	技 术 条 件	造价合计（万元）
一	A. 常规机组	1200t/h，亚临界，烟煤炉，2台	
		中速磨煤机 10 台，ZGM95N-I型	
		送风机：动叶可调轴流式 Q=139.95m³/s，4 台	
		引风机：静叶可调轴流式 Q=43.43m³/s，4 台	
		一次风机：动叶可调轴流式 Q=75.4m³/s	
		电除尘器：双室五电场，共 4台	
		电子称重给煤机 F55，出力 5～55t/h，10 台	
		烟风煤管道	
		主汽管道（P91），再热热段（P91），再热冷段（A672B70CL32），主给水管道（15NiCuMoNb5-6-4）	
		灰渣分除，干灰集中至灰库，范围为除尘器灰斗法兰至灰库卸料设备出口，输送距离 380m，单台炉除灰系统出力 50t/h，双室四电场电除尘器	

序号	模块名称	技 术 条 件	造价合计（万元）
一	A. 常规机组	干式排渣机后接斗式提升机输送至渣仓，范围为锅炉炉灰斗水封插板出口至渣仓卸料设备出口，干式排渣机出力 12～30t/h；电瓶叉车运输石子煤	
	B. CFB锅炉机组	其中：建筑工程费 13 230 万元，设备购置费 40 229 万元，安装工程费 22 873 万元，材差–891 万元	75 441
		汽机纵向，机头朝向固定端，主厂房为钢筋混凝土结构，汽轮机房厂房体积 136 505m³、除氧间煤仓间体积 93 756m³、炉前封闭体积 10 826m³、锅炉运转层以下封闭体积 59 856m³	
		1170t/h，超临界循环流化床自然循环褐煤炉，2 台	
		一次风机：离心式 $Q=$ 113.4m³/s，4 台	
		送风机：离心式 $Q=$103.3m³/s，4 台	
		引风机：动叶可调轴流式 $Q=$ 343.8m³/s，4 台	

序号	模块名称	技 术 条 件	造价合计（万元）
一	B. CFB 锅炉机组	高压流化风机：多级离心式 Q=4.61m³/s	
		电除尘器：双室五电场，共 4 台	
		烟风煤管道重量 1594t	
		主汽管道（P91）、再热热段（P91）、再热冷段（A672B70 CL32）、主给水管道（15NiCuMo Nb5-6-4）	
		电子称重式给煤机（用于给煤）Q=4～40t/h	
		电子称重式给煤机（用于启动床料）Q=3～30t/h	
		外购石灰石粉，厂内石灰石粉气力输送，输送器出力 15t/h，共 4 台	
		增加 6kV 开关柜 2 台（F-C 回路，单柜），6kV 电缆 1000m；增加 0.4kV 开关柜 16 台，低压动力电缆 8000m；增加 630kVA 低压变压器两台；增加控制电缆 4000m，计算机电缆 6000m，就地事故按钮盒 12 只	

序号	模块名称	技 术 条 件	造价合计（万元）
一	B. CFB 锅炉机组	每台炉：减少 DCS 约 600 点（考虑 CFB 炉 DCS 逻辑组态软件费用比基本方案高，DCS 价格与基本方案价格持平）；增加炉底渣纳入 DCS 控制；增加 1 套烟气 SO_2 检测仪；减少计算机电缆 25km 等工程量；火检、风量测量等其他仪表与控制设备量的增加与减少基本持平；设汽包水位工业电视系统 1 套和烟气连续监测系统（CEMS）	
		3. 机型	
	热 机 范 围	模块范围包括汽轮机本体、排汽装置（如果有）、凝汽器（如果有）、低压加热器、给水泵、凝结水泵、机械真空泵和胶球清洗装置（如果有）、热网首站设备和管道、采暖抽汽管道、厂区供热管道（到厂区围墙外 1m）	
	A. 湿冷供热机组	其中：建筑工程费 681 万元，设备购置费 22 153 万元，安装工程费 2888 万元，材差 101 万元	25 823
		超临界、单抽凝汽式，额定采暖抽汽量为 550t/h，2 台	
		8 级回热系统，2 套	

序号	模块名称	技 术 条 件	造价合计（万元）
一	A. 湿冷供热机组	给水泵：2×50%汽泵+1×50%电泵，2套	
		凝结水泵：3×50%，2套	
		机械真空泵：2台出力51 kg/h，2套	
		不锈钢管凝汽器，2台	
		凝汽器胶球清洗，2套	
		热网首站汽机房 A 列外毗屋布置，体积16 969m³	
		热网加热器，有效换热面积2750m²,4台，额定换热量175MW，最大换热量190MW	
		热网循环水泵 Q=4100m³/h，扬程150m，4台	
		热网疏水泵 Q=315m³/h，扬程170m，2×3台	
		热网补水除氧器200t/h，1台	
		热网补水除氧水箱50m³，1台	
		热网补水泵 Q=210m³/h，扬程25m，2台	
		热网定压泵 Q=190m³/h，扬程34m，1台	

序号	模块名称	技　术　条　件	造价合计（万元）
一	A. 湿冷供热机组	热网循环泵入口滤网 $Q=$ 4200m³/h，4 台	
		6kV 热网水泵由主厂房 6kV 厂用电系统供电，增加 12 面 6kV 开关柜和 2km 的 6kV 电缆	
		厂内热网首站纳入机组 DCS 公用网络	
		厂区热网管道：蒸汽/热水管道规格 2×DN1200/DN1200，长度：每台机组蒸汽管道 120m，厂房内每台机组热网循环水管道长度 145m，厂区管道 305m，热网管道至厂区围墙外 1m	
	B. 湿冷纯凝机组	其中：建筑工程费 0 万元，设备购置费 18 742 万元，安装工程费 1368 万元，材差 0 万元	20 110
		350MW 纯凝汽轮机，2 台	
		8 级回热系统，2 套	
		给水泵：2×50%汽泵+1×30%电泵，2 套	
		凝结水泵：2×100%，2 套	
		机械真空泵：2 台出力 51 kg/h，2 套	

序号	模块名称	技 术 条 件	造价合计（万元）
一	B. 湿冷纯凝机组	不锈钢管凝汽器，2 台	
		凝汽器胶球清洗，2 套	
	C. 空冷纯凝机组	其中：建筑工程费 0 万元，设备购置费 16 570 万元，安装工程费 1166 万元，材差 0 万元	17 736
		350MW 直接空冷汽轮机，2 台	
		7 级回热系统，2 套	
		给水泵：3×50%容量电动调速给水泵，2 套	
		凝结水泵：2×100%，2 套	
		机械真空泵：3 台出力 75 kg/h，2 套	
		排汽装置，2 套	
	4. 旁路配置		
	A. 简化电动旁路，30%BMCR流量	其中：建筑工程费 0 万元，设备购置费 604 万元，安装工程费 453 万元，材差–87 万元	970
		两级串联，国产	
	B. 不设旁路	其中：建筑工程费 0 万元，设备购置费 0 万元，安装工程费 53 万元，材差 0 万元	53

序号	模块名称	技 术 条 件	造价合计（万元）
一	C. 简化功能国产电动旁路，15%BMCR流量	其中：建筑工程费 0 万元，设备购置费 262 万元，安装工程费 244 万元，材差–46 万元	460
		简化功能国产旁路，15%BMCR 流量	
	5. 锅炉封闭情况		
	A. 紧身封闭	金属保温墙板；自然进风，屋顶通风器排风	1106
	B. 露天		0
	6. 锅炉真空清扫系统		
	A. 1台真空清扫车	55.125kW（75HP），风量 3000m³/h，真空度 51kPa，两台炉各平台的吸尘管道及煤仓间的吸尘管道	132
	B. 1台固定式真空吸尘装置	55.125kW（75HP），风量 2750m³/h，真空度 61kPa，灰斗容量 3m³，两台炉各平台的吸尘管道以及煤仓间的吸尘管道	123

序号	模块名称	技　术　条　件	造价合计（万元）
一	**7. 烟囱**		
	A. 钢筋混凝土外筒、钛钢复合板单内筒套筒内结构烟囱	其中：建筑工程费 2734 万元，设备购置费 0 万元，安装工程费 0 万元，材差 144 万元	2878
		210m/ϕ7m	
		钢筋混凝土基础 1620m³，钢筋混凝土结构外筒壁 4500m³，钛钢复合板内筒 500t	
		对应于脱硫系统不设置 GGH 装置机组	
	B. 钢筋混凝土外筒、单耐硫酸露点腐蚀钢板内筒套筒式结构烟囱，内筒内喷涂烟囱专用防腐涂料	其中：建筑工程费 2467 万元，设备购置费 0 万元，安装工程费 0 万元，材差 141 万元	2608
		210m/ϕ7m	
		钢筋混凝土基础 1620m³，钢筋混凝土结构外筒壁 4500m³，耐硫酸腐蚀钢板内筒 500t，内筒防腐涂料 5900m²	
		对应于脱硫系统不设置 GGH 装置机组	

序号	模块名称	技 术 条 件	造价合计（万元）
一	C. 钢筋混凝土外筒、单耐硫酸露点腐蚀钢板内筒套筒式结构烟囱，内筒内粘贴硼硅泡沫玻璃砖	其中：建筑工程费 2427 万元，设备购置费 0 万元，安装工程费 0 万元，材差 141 万元	2568
		210m/ϕ7m	
		钢筋混凝土基础 1620m³，钢筋混凝土结构外筒壁 4500m³，Q235 钢内筒 500t，内筒内粘贴硼硅泡沫玻璃砖	
		对应于脱硫系统不设置 GGH 装置机组	
	D. 钢筋混凝土外筒、玻璃钢单内筒套筒式结构烟囱	其中：建筑工程费 2668 万元，设备购置费 0 万元，安装工程费 0 万元，材差 142 万元	2810
		210m/ϕ7m	
		钢筋混凝土基础 1620m³，钢筋混凝土结构外筒壁 4500m³，20mm 厚玻璃钢内筒 5900m²	
		对应于脱硫系统不设置 GGH 装置机组	

序号	模块名称	技 术 条 件	造价合计（万元）
一	E. 钢筋混凝土外筒、单密实型整体浇筑料内筒套筒式结构烟囱	其中：建筑工程费 1747 万元，设备购置费 0 万元，安装工程费 0 万元，材差 147 万元	1894
		210m/ϕ7m	
		钢筋混凝土基础 1620m^3，钢筋混凝土结构外筒壁 4500m^3，200mm 厚密实型整体浇筑料内筒 5900m^2	
		对应于脱硫系统不设置 GGH 装置机组	
	F. 钢筋混凝土单耐酸砖套筒烟囱	其中：建筑工程费 1514 万元，设备购置费 0 万元，安装工程费 0 万元，材差 147 万元	1661
		210m/ϕ7m	
		钢筋混凝土基础 1620m^3，钢筋混凝土外筒壁 4500m^3，内筒为耐酸胶泥砌筑耐酸砖 1250m^3	
		对应于 FGD 设置 GGH 装置机组	

序号	模块名称	技 术 条 件	造价合计（万元）
		8. 主厂房布置	
一	热机范围	包括锅炉本体、制粉系统、烟风煤管道、锅炉其他辅机、汽轮机及发电机本体、汽轮发电机辅助设备、旁路系统、除氧给水系统、汽轮机其他辅机、汽水管道和相关保温（包括锅炉本体保温含砌筑、烟风煤管道保温、汽水管道保温、锅炉及汽轮机辅机保温）	
		其中：建筑工程费 10 791 万元，设备购置费 66 336 万元，安装工程费 24 703 万元，材差 −1155 万元	100 675
	A. 前煤仓	主厂房布置为三列式：即汽机房、煤仓间和锅炉房，集中控制楼布置在两炉之间。汽机纵向，机头朝向固定端，汽机房跨度 30m，煤仓间跨度 11.5m（柱中心线间距），炉前跨 7.2m，柱距 9m。厂房长 145.5m，运转层标高 12.6m；主厂房钢筋混凝土结构，汽机房厂房体积 141 711m^3、煤仓间体积 63 949m^3、炉前封闭体积 9798m^3；锅炉运转层以下封闭体积 45 128m^3，集控楼 16 323m^3；热网加热站 16 969m^3；主厂房体积 293 877m^3	

序号	模块名称	技　术　条　件	造价合计（万元）
一	A. 前煤仓	超临界，烟煤炉，1200t/h，2台	
		中速磨煤机 10 台，ZGM95N-I	
		烟风煤管道（1950t）	
		超临界、单抽凝汽式汽轮机，额定抽汽量为 550t/h，2 台	
		汽动给水泵，637m³/h，31 487.4kPa（3213mH₂O），50%流量，4 台	
		凝结水泵：2×100%	
		8 级回热系统	
		3×50%容量的真空泵	
		主汽管道（P91）、再热热段（P91）、再热冷段（A672B70 CL32）、主给水管道（15NiCuMo Nb5-6-4），810t	
		煤仓层皮带 B=1200mm，280m	
	B. 侧煤仓	其中：建筑工程费 8838 万元，设备购置费 66 319 万元，安装工程费 25 726 万元，材差−1221 万元	99 662

序号	模块名称	技 术 条 件	造价合计（万元）
一	B. 侧煤仓	汽机纵向，机头朝向固定端，主厂房钢筋混凝土结构，汽机房跨度 27m，煤仓间跨度 9m，侧煤仓间跨度 15m（柱中心线间距），厂房长 136.2m，汽机运转层标高 13.7m。汽机房厂房体积 119 700m³，除氧间体积 48 266m³，侧煤仓间体积 33 127m³，侧煤仓与锅炉之间部分 14 979m³，锅炉运转层以下封闭体积 57 233m³，炉前运转层以下 5726m³，转运站体积 4057m³	
		超临界，烟煤炉，1200t/h，2 台	
		中速磨煤机 10 台，ZGM95N-I	
		烟风煤管道（1950t）	
		超临界、单抽凝汽式汽轮机，额定抽汽量为 550t/h，2 台	
		汽动给水泵，637m³/h，31 487.4kPa（3213mH₂O），50%流量，4 台	
		凝结水泵：2×100%	
		8 级回热系统	

序号	模块名称	技 术 条 件	造价合计（万元）
一	B. 侧煤仓	3×50%容量的真空泵	
		主汽管道（P91）、再热热段（P91）、再热冷段（A672B70CL32）、主给水管道（15NiCuMoNb5-6-4），810t	
		煤仓层皮带 B=1200mm，240m	
二	燃料供应系统		
	1. 厂内输煤	各模块的设计范围从卸煤点受卸设施起至主厂房原煤仓（不含原煤仓，含原煤仓料位信号）配煤点止，包括全部的工艺设备（含暖通、水工）、建（构）筑物（煤仓间和煤仓间端部转运站除外）和辅助生产设施；电控设备、煤泥沉淀池、煤水净化系统、输煤综合楼、推煤机库进入基本技术方案，不进入模块	
	A. 全部铁路敞车运煤进厂	其中：建筑工程费 12 061 万元，设备购置费 5162 万元，安装工程费 585 万元，材差 0 万元	17 808
		不含铁路配线（由主体设计院总图专业考虑）	

序号	模块名称	技　术　条　件	造价合计（万元）
二	A. 全部铁路敞车运煤进厂	翻车机室土建部分按 2 台翻车机一次建成，本期安装单车翻车机及其调车系统 1 套；1 重 1 空 1 走行（二期 2×350MW 机组增设 1 套翻车机，1 重 1 空）	
		活化给煤机 Q=500～800t/h	
		动态轨道衡 1 台，火车取样机 1 台	
		煤场容量 2×350MW 机组 10 天耗煤量	
		斗轮堆取料机 1500/1000t/h，臂长 35m，折返式，1 台	
		推煤机 2 台，装载机 1 台	
		卸煤胶带机 B=1400mm，Q=1500t/h，单、双路设置；胶带机总长 L=1166m，上煤胶带机 B=1200mm，Q=1000t/h，单、双路设置；胶带机总长 L=1306m	
		滚轴筛 Q=1000t/h，2 台	
		环锤式碎煤机 Q=800t/h，2 台	
	B. 全部铁路底开车运煤进厂	其中：建筑工程费 7199 万元，设备购置费 4945 万元，安装工程费 406 万元，材差 0 万元	12 550

序号	模块名称	技 术 条 件	造价合计（万元）
二	B. 全部铁路底开车运煤进厂	与 A 模块的差别在于卸煤设施、煤场容量、斗轮机台数、卸煤系统的出力；不含铁路配线（由主体设计院总图专业考虑）	
		双线 10 车位底开车卸煤沟，有效长 156m，底开车 50 辆（卸煤沟二期不再扩建）	
		叶轮给煤机 Q=350～1000t/h，4 台	
		动态轨道衡 1 台，火车取样机 1 台	
		煤场容量：2×350MW 机组 10 天耗煤量	
		斗轮堆取料机 1000/1000t/h，臂长 30m，折返式，1 台	
		推煤机 2 台，装载机 1 台（二期 2×350MW 机组增设 1 台斗轮机）	
		运煤胶带机 B=1200mm，v=2.5m/s，Q=1000t/h，双路；胶带机总长 L=1900m	
		滚轴筛 Q=1000t/h，2 台	
		环式碎煤机 Q=800t/h，2 台	

序号	模块名称	技 术 条 件	造价合计（万元）
二	C. 全部汽车运煤进厂	其中：建筑工程费 6211 万元，设备购置费 3315 万元，安装工程费 416 万元，材差 0 万元	9942
		与 A 模块的差别在于卸煤设施、煤场容量、斗轮机台数、卸煤系统的出力；不含厂内外运煤道路（由主体设计院总图专业考虑）	
		12 车位汽车卸煤沟，有效长 72m（二期 2×350MW 机组增设卸煤沟延长 8 个车位）	
		叶轮给煤机 Q=350～1000t/h，4 台	
		50t 汽车衡 4 台，汽车取制样机 3 台	
		煤场容量 2×350MW 机组 10 天耗煤量；斗轮堆取料机 1000/1000t/h，臂长 30m，折返式，1 台；推煤机 2 台，装载机 1 台（二期 2×350MW 机组增设 1 台斗轮机）	

序号	模块名称	技 术 条 件	造价合计（万元）
	C.全部汽车运煤进厂	运煤胶带机 B=1200mm，v=2.5m/s，Q=1000t/h，双路；胶带机总长 L=1800m	
		滚轴筛 Q=1000t/h，2 台；环式碎煤机 Q=800t/h，2 台	
二	D. CFB机组，全部汽车运煤进厂，设混煤筒仓	其中：建筑工程费 9745 万元，设备购置费 6797 万元，安装工程费 461 万元，材差 0 万元	17 003
		按 2×350MW CFB 机组容量考虑，不考虑机组扩建；与 A 模块的差别在于卸煤设施、煤场容量、斗轮机台数、卸煤系统的出力；增设二级细碎设施；不含厂内外运煤道路	
		20 车位汽车卸煤沟，有效长 121.6m	
		叶轮给煤机 Q=350～1000t/h，4 台	
		50t 汽车衡 6 台，汽车取制样机 4 台	
		煤场容量：2×350MW CFB 机组 10 天耗煤量	
		斗轮堆取料机 1000/1000t/h，臂长 30m，折返式，1 台	

序号	模块名称	技　术　条　件	造价合计（万元）
二	D. CFB机组，全部汽车运煤进厂，设混煤筒仓	推煤机 2 台，装载机 2 台	
		3 座 ϕ15m×3000t 筒仓，环式给煤机 Q=350～1000t/h，3 台	
		运煤胶带机 B=1200mm，v=2.5m/s，Q=1000t/h，双路；胶带机总长 L=2600m	
		原煤仓配煤方式采用犁煤器方案	
		一级筛碎	
		滚轴筛 Q=1000t/h，2 台	
		环式碎煤机 Q=800t/h，2 台	
		二级细碎	
		活化给煤机 Q=600t/h，4 台	
		匀料装置 Q=600t/h，4 台	
		环锤式细碎机 Q=600t/h，4 台	
	E. CFB机组，全部汽车运煤进厂，不设混煤筒仓	其中：建筑工程费 8218 万元，设备购置费 7157 万元，安装工程费 495 万元，材差 0 万元	15 870

序号	模块名称	技 术 条 件	造价合计（万元）
二	E. CFB 机组，全部汽车运煤进厂，不设混煤筒仓	按 2×350MW CFB 机组容量考虑，不考虑机组扩建；与 A 模块的差别在于卸煤设施、煤场容量、斗轮机台数、运煤系统的出力；增设二级细碎设施；与 D 模块的差别在于没有混煤筒仓；不含厂内外运煤道路	
		20 车位汽车卸煤沟，有效长 121.6m	
		叶轮给煤机 Q=300～800t/h，4 台	
		50t 汽车衡 6 台，汽车取制样机 4 台	
		煤场容量 2×350MW CFB 机组 10 天耗煤量	
		斗轮堆取料机 800/800t/h，臂长 30m，折返式，1 台；斗轮取料机 800t/h，臂长 30m，折返式，1 台；斗轮堆取料机和斗轮取料机同轨布置，煤场设备各对应一条煤场皮带机	
		推煤机 2 台，装载机 2 台	
		运煤胶带机 B=1200mm，v=2.0m/s，Q=800t/h，双路；胶带机总长 L=1080m	

序号	模块名称	技 术 条 件	造价合计（万元）
二	E. CFB机组，全部汽车运煤进厂，不设混煤筒仓	原煤仓配煤方式采用犁煤器方案	
		一级筛碎	
		滚轴筛 Q=800t/h，2 台	
		环式碎煤机 Q=500t/h，2 台	
		二级细碎	
		活化给煤机 Q=500t/h，4 台	
		匀料装置 Q=500t/h，4 台	
		环锤式细碎机 Q=500t/h，4 台	
	2. 煤场		
		其中：建筑工程费 2799 万元，设备购置费 1359 万元，安装工程费 71 万元，价差 0 万元	4229
	A. 条形煤场	从进入煤场的胶带机开始，至出煤场胶带机终止，此范围内的全部工艺、土建费用，不包括桩基处理费用	
		煤场为封闭条形煤场，容量为 2×350MW 机组 15 天耗煤量；长度为 200m，宽度 100m	
		斗轮堆取料机堆料出力 1500t/h，取料出力 1000t/h，臂长 35m，1 台	

72

序号	模块名称	技 术 条 件	造价合计（万元）
二	A. 条形煤场	卸煤胶带机 B=1400mm，Q=1500t/h，单、双路设置；胶带机总长 L=628m，上煤胶带机 B=1200mm，Q=1000t/h，单、双路设置；胶带机总长 L=146m，原煤仓配煤方式采用犁煤器方案	
		推煤机2台，装载机1台	
	B. 圆形煤场	其中：建筑工程费6906万元，设备购置费1822万元，安装工程费85万元，价差0万元	8813
		从进入两座煤场的胶带机开始，至出煤场胶带机终止，此范围内的全部工艺、土建费用，包括转运站，不包括桩基处理费用	
		煤场直径110m，分离式现浇钢筋混凝土挡煤墙，屋面钢网架结构，压型钢板围护	
		单仓储量万吨，煤场容量2×350MW机组15天耗煤量	
		堆取料机（堆料1500t/h，臂长38m；取料1000t/h，悬臂式）1台	

序号	模块名称	技 术 条 件	造价合计（万元）
二	B. 圆形煤场	卸煤胶带机 B=1400mm，Q=1500t/h，单、双路设置；胶带机总长 L=220m，上煤胶带机 B=1200mm，Q=1000t/h，单、双路设置；胶带机总长 L=220m	
		活化给煤机 Q=1000t/h　4 台	
		推煤机 2 台，装载机 2 台	
三	除灰系统		
	1. 厂内除灰		
	A. 干灰集中至灰库	其中：建筑工程费 1239 万元，设备购置费 1076 万元，安装工程费 249 万元，材差 0 万元	2564
		正压气力除灰系统（灰斗法兰至灰库卸料设备出口、除灰控制系统），单台炉气力除灰系统出力 50t/h，输送距离 380m，双室四电场电除尘器	
		输送空压机 43m³/min，4 台	
		灰库 D=12m，V（有效）=1800m³，3 座	
		气力除灰管道，4 根 DN200，2 根 DN125	

序号	模块名称	技 术 条 件	造价合计（万元）
三	A. 干灰集中至灰库	湿式搅拌机 150t/h，3 台	
		干灰卸料机 150t/h，5 台	
	B. 干灰集中至灰库，高浓度水力输送	其中：建筑工程费 1526 万元，设备购置费 1334 万元，安装工程费 677 元，材差 0 万元	3537
		正压气力除灰系统（灰斗法兰至灰库顶部设备、除灰控制系统），单台炉气力除灰系统出力 60t/h，输送距离 400m，双室四电场电除尘器	
		输送空压机，43m³/min，4 台	
		灰库 D=12m，V（有效）=1000m³，3 座	
		气力除灰管道，4 根 DN200，2 根 DN125	
		干灰制浆设备 40t/h，6 台	
		干灰散装机 100t/h，3 台	
		串联离心泵 Q=380m³/h，4 台	
		厂内除灰管 2 根 DN300，100m（泵房外 1m）	

序号	模块名称	技 术 条 件	造价合计（万元）
		2. 厂内除渣	
三	A. 机械除渣直接至渣仓，电瓶叉车运输石子煤	其中：建筑工程费 200 万元，设备购置费 965 万元，安装工程费 119 万元，材差 0 万元	1284
		干式排渣机后接斗式提升机输送至渣仓的除渣系统（含控制系统）	
		MAC 干式排渣机 6～12t/h，2台；斗式提升机 30t/h，4 台	
		渣仓（露天）200m³，2 台	
		电瓶叉车 2t，3 台	
	B. 水力除渣至脱水仓，电瓶叉车运输石子煤	其中：建筑工程费 867 万元，设备购置费 1123 万元，安装工程费 551 万元，材差 0 万元	2541
		刮板捞渣机+水力除渣至脱水仓的除渣系统（含控制系统）	
		刮板捞渣机，长度 30m，出力 7～30t/h，2 台	
		碎渣机 2 台，40t/h	
		渣浆泵 180m³/h，4 台	
		回水泵 170m³/h，3 台	

序号	模块名称	技 术 条 件	造价合计（万元）
	B. 水力除渣至脱水仓，电瓶叉车运输石子煤	高效浓缩机 ϕ8m，2 台	
		脱水仓 ϕ10m，2 台	
		厂内输渣管（钢管），4 根 DN200，600m	
		电瓶叉车 2.5t，2 台	
三	C. 风冷式排渣机，斗式提升机输送至渣仓，电瓶叉车运输石子煤	其中：建筑工程费 74 万元，设备购置费 1053 万元，安装工程费 81 万元，材差 0 万元	1208
		风冷式排渣机+斗式提升机输送系统（含控制系统）	
		风冷式排渣机（含渣井、关断门），宽度 1000mm，连续出力 6t/h，最大出力 12t/h，排渣温度 150℃以下，2 台	
		碎渣机 25t/h，2 台	
		斗式提升机 25t/h，2 台	
		渣仓（露天）200m³，2 台	
		装车机 100t/h，4 台	
		电瓶叉车 2.5t，2 台	

序号	模块名称	技 术 条 件	造价合计（万元）
三	D. 风冷式排渣机，负压气力输送至渣仓，电瓶叉车运输石子煤	其中：建筑工程费 175 万元，设备购置费 1413 万元，安装工程费 283 万元，材差 0 万元	1871
		风冷式输渣机+负压气力输送系统（含控制系统）	
		风冷式排渣机（含渣井、关断门），宽度 1000mm，连续出力 6t/h，最大出力 12t/h，排渣温度 150℃以下，2 台	
		一级碎渣机 25t/h，2 台	
		缓冲仓 8m³，2 台	
		二级碎渣机 30t/h，2 台	
		负压气力集中系统（含渣仓顶部除尘器、真空释放阀等），出力 16t/h，输送距离 170m，输送管道 4 根 DN250	
		负压风机 91m³/min、–49kPa，4 台	
		渣仓（露天）400m³，1 台	
		装车机 100t/h，2 台	
		电瓶叉车 2.5t，2 台	

序号	模块名称	技 术 条 件	造价合计（万元）
三	3. 厂外除灰		
	A. 汽车运灰渣	其中：建筑工程费 752 万元，设备购置费 272 万元，安装工程费 0 万元，材差 0 万元	1024
		运灰公路 5km，20 级路面，路面宽 7m，路基宽 8.5m，每 1km 设 25m 缓冲带（宽 12m），占地 60 亩；17t 自卸汽车，6 辆，2 个车位检修车库 150m²	
	B. 高浓度水力除灰，汽车运渣	其中：建筑工程费 913 万元，设备购置费 181 万元，安装工程费 2604 万元，材差 0 万元	3698
		除灰管 2 根 DN300，10km；灰水回水管 1 根 ϕ325，10km，17t 自卸汽车，4 辆，检修车库 150m²	
四	水处理系统		
	1. 锅炉补给水处理系统		
	A. 反渗透系统	其中：建筑工程费 0 万元，设备购置费 1293 万元，安装工程费 441 万元，材差 0 万元	1734
		3×65t/h 超滤、反渗透加 2×80t/h 一级除盐、混床系统（不含超滤前的预处理，含酸碱系统、废水泵及除盐水箱等）	

序号	模块名称	技 术 条 件	造价合计（万元）
四	B. 无反渗透系统	其中：建筑工程费 0 万元，设备购置费 463 万元，安装工程费 318 万元，材差 0 万元	781
		过滤加一级除盐加混床系统，净出力为 70～90t/h	
	2. 热网补充水处理系统		
	A. 反渗透系统	无	0
	B. 反渗透系统	其中：建筑工程费 0 万元，设备购置费 374 万元，安装工程费 105 万元，材差 0 万元	479
		采用超滤加一级反渗透出水，处理量为 2×50t/h	
	C. 钠离子软化系统	其中：建筑工程费 0 万元，设备购置费 44 万元，安装工程费 31 万元，材差 0 万元	75
		处理量为 2×100t/h	
	3. 循环水稳定处理系统		
	A. 加药处理	其中：建筑工程费 0 万元，设备购置费 43 万元，安装工程费 25 万元，材差 0 万元	68
		加酸加稳定剂	

序号	模块名称	技 术 条 件	造价合计（万元）
四	B. 弱酸处理	其中：建筑工程费 0 万元，设备购置费 419 万元，安装工程费 335 万元，材差 0 万元	754
		过滤加双流弱酸离子交换器方案，处理水量 800t/h	
	4. 电厂循环水加氯系统		
	A. 化学法制二氧化氯	其中：建筑工程费 0 万元，设备购置费 60 万元，安装工程费 11 万元，材差 0 万元	71
		出力 2×10kg/h	
	B. 电解海水	其中：建筑工程费 0 万元，设备购置费 403 万元，安装工程费 17 万元，材差 0 万元	420
		电解海水系统（1×90kg/h），边界条件为：电解制氯间墙中心线外 1m 处，含工艺设备及管道、阀门，制氯间内的电气及控制设备等	
	C. 电解食盐制氯	其中：建筑工程费 0 万元，设备购置费 81 万元，安装工程费 12 万元，材差 0 万元	93
		电解食盐制氯（2×5kg/h），边界条件为：电解制氯间墙中心线外 1m 处，含工艺设备及管道、阀门，制氯间内的电气及控制设备等	

序号	模块名称	技 术 条 件	造价合计（万元）
四		5. 凝结水精处理	
	A. 3×50%的高速混床	其中：建筑工程费 0 万元，设备购置费 1007 万元，安装工程费 280 万元，材差 0 万元	1287
		2 机合用 1 套再生系统（含树脂、阀门、电气控制）	
	B. 2×50%阳阴分床方案	其中：建筑工程费 0 万元，设备购置费 1007 万元，安装工程费 12 万元，材差 0 万元	1019
		适用于空冷机组，2 机合用 1 套再生系统（含树脂、阀门、电气控制）	
	C. 2×100%粉末树脂覆盖过滤系统	其中：建筑工程费 0 万元，设备购置费 574 万元，安装工程费 3 万元，材差 0 万元	577
		适用于空冷机组，1 机 1 套铺膜系统（含电气控制及 1 年的树脂粉）	

序号	模块名称	技 术 条 件	造价合计（万元）
四		**6. 城市污水处理厂再生水（中水）深度处理**	
	A. 石灰凝聚、澄清、过滤处理（无除气装置，无曝气生物滤池）	其中：建筑工程费 1961 万元，设备购置费 1511 万元，安装工程费 196 万元，材差 0 万元	3668
		处理水量：1300～1500t/h	
		设计界限：污水深度处理站界区中心线 1m 处，包括加消石灰、加凝聚剂、加氯、加硫酸 pH 调整系统，以及污泥浓缩池、脱水机，无除气装置及生物滤池；澄清池不封闭	
		处理后做循环水补充水及全厂工业用水、锅炉补给水水源	
		污水处理厂至电厂管道投资另计	
	B. 前置处理加微滤或超滤	其中：建筑工程费 117 万元，设备购置费 806 万元，安装工程费 61 万元，材差 0 万元	984
		处理水量：400t/h，过滤膜采用压力式微滤膜	
		处理后仍需软化或除盐做循环水补充水及全厂工业用水、锅炉补给水水源	
		污水处理厂至电厂管道投资另计	

序号	模块名称	技　术　条　件	造价合计（万元）
四	C. 前置处理加微滤或超滤	其中：建筑工程费 66 万元，设备购置费 463 万元，安装工程费 37 万元，材差 0 万元	566
		处理水量 200t/h，其余条件同模块 B	
	D. 无中水处理		0
五	供水系统		
	A. 二次循环：采用中水	其中：建筑工程费 9262 万元，设备购置费 1178 万元，安装工程费 4304 万元，材差 1331 万元	16 075
		扩大单元制，压力水管 2×DN2400，焊接钢管，管线总长 L=1800m	
		主厂房循环水管道 DN2400	
		5000m² 逆流式自然通风冷却塔 2 座，考虑防冻措施	
		循环水泵 4 台（立式斜流泵）；集中循环水泵房 1 座，进水间和泵房全封闭，下部结构 24.5m×21m×8.5m（长×宽×深），地上结构 23m×35m×16.7m（长×宽×高）	

序号	模块名称	技 术 条 件	造价合计（万元）
五	A.二次循环：采用中水	补充水管 1×DN700，焊接钢管，管道长度 L=5km	
		补给水泵 3 台，补给水泵房 1 座	
		备用水泵房设 3 台补给水泵，土建按 5 台泵一次建成；下部结构 19m×16.9m×20.48m（长×宽×深），上部结构 14m×25m×13.5m（长×宽×高）；自流引水管 300m，钢制喇叭口取水头；输水管 1×DN700，长度 L=15km	
	B.直流供水：河（湖）心取水①	其中：建筑工程费 8444 万元，设备购置费 1731 万元，安装工程费 471 万元，材差 565 万元	11 211
		钢制取水头 2 个	
		引水管道 2×DN2800×800m，顶管施工	
		循环水泵 4 台；循环水泵房：34m×26m×19.2m，沉井施工	
		扩大单元制，压力水管，2×DN2400×1000m，预应力钢筋混凝土管	

序号	模块名称	技 术 条 件	造价合计（万元）
五	B．直流供水：河（湖）心取水①	主厂房循环水管道 DN2400	
		循环水排水虹吸井 2 座	
		双孔钢筋混凝土排水沟 2×2.5m×2.5m×960m	
		排水连接井 13.4m×20m×16.5m	
		排水管道 2×DN2800×180m，顶管	
		敞开式排水口：消力池、消力坎、浆砌石护底，消力池由 5m 渐扩至 15m，L=10m，围堰施工	
		海水直流系统时：淡水取水泵房一座，补给水泵 3 台，土建按 4 台一次建成；补给水管 2×DN350×15km，地表水净化站在厂内布置，处理容量 2×250m³/h，采用二级处理工艺：斜管/板混凝沉淀+过滤（部分）	
		淡水直流系统时：处理容量 2×400m³/h，采用二级处理工艺：斜管/板混凝沉淀+过滤（部分）	

序号	模块名称	技 术 条 件	造价合计（万元）
五	C.直流供水：河（湖）岸边敞开式取水②	其中：建筑工程费 7191 万元，设备购置费 1964 万元，安装工程费 719 万元，材差 692 万元	10 566
		明渠 40m×470m；沟两侧设挡沙堤；前池 60m×100m	
		循环水泵 4 台（立式斜流泵）；循环水泵房：地下结构 23.7m×25.8m×13.4m，地上结构 29.4m×25.8m×13.8m，地下连续墙施工	
		主厂房循环水管道 DN2400	
		扩大单元制，压力水管，2×DN2400×1000m 预应力钢筒混凝土管	
		虹吸井 20m×10m×7m	
		双孔钢筋混凝土排水沟 2×2.5m×2.5m×960m	
		排水连接井 13.4m×20m×16.5m	
		排水管道 2×DN2800×180m，顶管	

序号	模块名称	技 术 条 件	造价合计（万元）
五	C. 直流供水：河（湖）岸边敞开式取水②	敞开式排水口：消力池、消力坎、浆砌石护底，消力池由 5m 渐扩至 15m，*L*=10m，围堰施工	
		补充水系统同 B	
	D. 直接空冷	其中：建筑工程费 7616 万元，设备购置费 10 362 万元，安装工程费 5826 万元，材差 673 万元	24 477
		机械通风直接空冷，每机排汽主管管径为 $1×\phi5.5m$，空冷凝汽器为双排管，每机空冷凝汽器面积 815 771m²	
		每机设变频调速低噪声风机 30 台，直径 9.14m，电动机功率 P_N=110kW	
		2 台机组空冷平台尺寸 148.5m×52m，平台高度 35m，（钢筋混凝土空心管柱、钢结构平台）	
		辅机冷却水系统母管制，压力钢管 1×DN900	
		辅机冷却水配 3×35% 机力塔，尺寸 3×11.6m×11.6m	

序号	模块名称	技 术 条 件	造价合计（万元）
五	D. 直接空冷	辅机循环水泵 3 台，辅机循环水泵房 1 座，19.5m×9m（地上高 7m，地下深 3.5m）	
		地表水，2×DN400×15km 补给水管，升压泵房 1 座，补给水泵 3 台，14m×9m（地上高 6.5m，地下深 9.6m）	
		地表水净化站在厂内布置，处理容量 2×350m³/h，处理工艺同 A（若以中水作为辅机循环水的补充水源，地表水处理容量适当减少）	
		直接空冷系统的 380V 负荷由空冷低压变压器供电，空冷低压变压器由主厂房 6kV 厂用电系统供电	
		每台机组增加：DCS 约 900 点，变送器、热电阻、温度测量等仪表与控制设备及电缆桥架安装材料等 1 套	
		空冷平台高 35m，薄壁空心钢筋混凝土柱、直径 3.6m，空间钢桁架平台	

序号	模块名称	技 术 条 件	造价合计（万元）
五	E.间接空冷	其中：建筑工程费 11 989 万元，设备购置费 13 395 万元，安装工程费 6715 万元，材差 1600 万元	33 699
		自然通风间接空冷，空冷散热器为六排管单流程，两机一塔，空冷散热器总面积 1 990 000m²	
		自然通风冷却塔尺寸：底部直径 156.4m，散热器外缘直径 164.4m，出口直径 96m，喉部直径 91m，塔高 170m	
		循环水泵按每台机组 3×35% 配置，循环水泵房 1 座，42m×18m（地上高 12.5m，地下深 6.1m）	
		扩大单元制，压力水管 2×DN2400，焊接钢管，管线总长 L=1200m	
		主厂房循环水管道 DN2400	
		辅机冷却水配 2×35% 机力塔，尺寸 3×11.6m×11.6m 座	
		辅机循环水泵 3 台，辅机循环水泵房 1 座，22.5m×9m（地上高 7.7m，地下深 6.1m）	

序号	模块名称	技 术 条 件	造价合计（万元）
五	E. 间接空冷	地表水，2×DN400×15km补给水管，补给水泵3台，升压泵房1座，14m×9m（地上高6.5m，地下深9.6m）	
		地表水净化站在厂内布置，处理容量2×350m³/h，处理工艺同A（若以中水作为辅机循环水的补充水源，地表水处理容量适当减少）	
		每台机组增加：DCS约1000点，变送器、热电阻、温度测量等仪表与控制设备及电缆桥架安装材料1套	
		凝汽器面积21 000m²	
六	电气系统		
	配电装置		
	A. 220kV屋外中型配电装置（不带旁路母线）	其中：建筑工程费325万元，设备购置费566万元，安装工程费127万元，材差0万元	1018
		配电装置规模为8个间隔（2进、2出、1个母联、1个启动/备用电源、2个TV及避雷器间隔）	

序号	模块名称	技 术 条 件	造价合计（万元）
六	B. 220kV 国产 GIS 配电装置	其中：建筑工程费 426 万元，设备购置费 1115 万元，安装工程费 50 万元，材差 0 万元	1591
		配电装置规模为 8 个间隔（2 进、2 出、1 个母联、1 个启动/备用电源、2 个 TV 及避雷器间隔）	
	C. 220kV 发电机–变压器–线路组单元接入系统	其中：建筑工程费 160 万元，设备购置费 427 万元，安装工程费 225 万元，材差 0 万元	812
		2 回出线，启动/备用电源由系统引接 220kV 一回 5km，220kV 变电站扩建 1 个间隔	
七	热工控制系统		
	1. 生产期 MIS		
	A. 小型机		850
		采用小型机双机热备+磁盘阵列	
		中心交换机能实现不同层交换路径负载均衡、具有多个千兆光纤端口、支持冗余配置、支持三层交换、满足 VLAN 划分要求等	

序号	模块名称	技 术 条 件	造价合计（万元）
七	A. 小型机	系统软件满足小型机服务器对操作系统以及数据库的要求，具有网络管理、数据备份、防病毒等功能，系统安全性高	
		应用软件满足电厂日常信息管理要求，具有生产管理、经营管理、设备管理、燃料管理、办公管理等功能，并具有信息集成功能	
	B. 微机服务器双机		750
		主服务器具有中速响应、中速数据交换能力，保证信息系统不间断运行，采用微机双机热备+磁盘阵列	
		中心交换机支持三层交换、能实现不同层交换路径负载均衡、具有多个千兆光纤端口、支持冗余配置、满足 VLAN 划分要求等	
		系统软件满足微机服务器对操作系统以及数据库的要求，具有网络管理、数据备份、防病毒等功能，系统安全性高	
		应用软件满足电厂日常信息管理要求，具有生产管理、经营管理、设备管理、燃料管理、办公管理等功能，并具有信息集成功能	

序号	模块名称	技 术 条 件	造价合计（万元）
七	C. ERP方案		500
		主服务器具有中速响应、中速数据交换能力，保证信息系统不间断运行，采用微机双机热备+磁盘阵列	
		中心交换机支持三层交换、能实现不同层交换路径负载均衡、具有多个千兆光纤端口、支持冗余配置、满足 VLAN 划分要求等	
		系统软件满足微机服务器对操作系统以及数据库的要求，具有网络管理、数据备份、防病毒等功能，系统安全性高	
		主要管理功能由集团公司统一部署的 ERP 或 EAM 完成，电厂侧只配置 ERP 或 EAM 系统功能外的管理软件	
	2. 数字化燃料管理系统	范围：含制样化验系统编码机、扫码器，激光盘煤仪，视频监视、门禁管理系统，网络通信设备，数据接口设备，软件平台，不含汽车衡、轨道衡、取样机、化验设备	

序号	模块名称	技 术 条 件	造价合计（万元）
七	A. 未设置数字化燃料管理系统		0
	B. 圆形煤场（火车运煤进厂）	1 重 1 空火车入厂调度系统，2 个煤场，每个煤场激光盘煤仪 3 套	500
	C. 圆形煤场（汽车运煤进厂）	3 重 1 轻 12 车位卸煤沟汽车入厂调度系统，2 个煤场，每个煤场激光盘煤仪 3 套	542
	D. 条形煤场（火车运煤进厂）	1 重 1 空火车入厂调度系统，1 个煤场，每个煤场轨道式激光盘煤仪 1 套	300
	E. 条形煤场（汽车运煤进厂）	3 重 1 轻 12 车位卸煤沟汽车入厂调度系统，1 个煤场，每个煤场轨道式激光盘煤仪 1 套	342
八	附属生产工程		
	1. 暖通及启动锅炉		
	A. 集中采暖区	其中：建筑工程费 1983 万元，设备购置费 0 万元，安装工程费 0 万元，材差 0 万元	1983
		有采暖系统，燃煤，20t/h，1.29MPa，300℃，2 台	

序号	模块名称	技 术 条 件	造价合计（万元）
八	B. 非集中采暖区	其中：建筑工程费 1123 万元，设备购置费 0 万元，安装工程费 0 万元，材差 0 万元	1123
		无采暖系统，燃油，20t/h，1.29MPa，300℃，1 台	
	2. 氢气系统		
	A. 制氢干燥储存系统	其中：建筑工程费 42 万元，设备购置费 262 万元，安装工程费 23 万元，材差 0 万元	327
		标准状态下 $1×10m^3/h$ 水电解制氢、干燥装置，配储氢罐 4 个	
	B. 外购氢气系统	其中：建筑工程费 76 万元，设备购置费 64 万元，安装工程费 5 万元，材差 0 万元	145
		设置集装氢瓶及实验室检测仪表，不设在线监测仪表及大型储氢罐、氢气干燥装置	
九	交通运输工程		
	A. 铁路运输（翻车机）	厂外铁路 10km，厂内铁路 2.7km	10 810
	B. 铁路运输（底开车）	厂外铁路 10km，厂内 3km	10 900

序号	模块名称	技 术 条 件	造价合计（万元）
九	C. 汽车运输	厂外专用运煤公路 3km, 20 级路面，路面宽 7m，路基宽 8.5m	1095
十	地基处理		
	A. 25m 左右钢筋混凝土桩	主厂房、烟囱、汽轮机基础、锅炉、集控楼、电除尘、送风机支架、引风机支架、烟道支架和输煤转运站等采用 25m 左右 450mm×450mm 预制钢筋混凝土桩，部分辅助附属建筑物采用复合地基	3241
	B. 35m 左右 PHC 桩	主厂房、烟囱、锅炉、集控楼、电除尘、送风机支架、引风机支架、烟道支架和输煤转运站等采用 PHC 桩，ϕ600，桩长 35m，部分辅助附属建筑物采用复合地基	13 952
	C. 48m 左右钢筋混凝土桩	主厂房、烟囱、汽轮机基础、锅炉、集控楼、电除尘等采用 48m 左右 ϕ800 钻孔灌注桩，送风机支架、引风机支架、烟道支架和输煤转运站、灰库等采用 30m 左右 ϕ600 钻孔灌注桩，辅助附属建筑物采用复合地基	7078

序号	模块名称	技 术 条 件	造价合计（万元）
十	D. 振冲碎石桩	主厂房、烟囱、锅炉、集控楼、电除尘、送风机支架、引风机支架、输煤转运站和冷却塔等采用振冲碎石桩，桩长约10m，碎石桩约7万m³	2031
	E. 岩溶发育地区	主厂房、烟囱、汽轮机、锅炉基础等主要采用岩石做天然地基，浅层溶沟、溶槽、石芽、溶蚀裂隙及小溶洞发育；或基岩埋藏较深，基岩顶面起伏较大，需采用换填毛石混凝土、桩基、梁板跨越等进行地基处理；填方地段辅助建（构）筑物需采用复合地基、桩基等进行地基处理	2871
十一	厂区及施工区土石方工程		
	A. 平原电厂	20万m³	317
	B. 山区电厂	230万m³（土石比6:4）	7196
	C. 吹沙填海电厂	200万m³	3000

序号	模块名称	技 术 条 件	造价合计（万元）
十二	灰场		
	A. 供热机组灰场	事故备用灰场，可供 2×350MW 机组使用 6 个月左右；占地面积 100m×200m，设计堆灰高度 5m；库底铺设防渗土工膜方式防渗	538
	B. 山谷灰场	山谷干灰场，占地 45hm²，满足堆灰 5 年；坝体工程量约 2.8 万 m³，初期考虑部分面积防渗；设灰场管理站	6460
十三	脱硫装置系统		
	1. 不同技术路线		
	A. 单塔双循环	造价范围说明：含设备、建筑、安装、其他费用、价差及基本预备费	12 907
	B. 双塔双循环	造价范围说明：含设备、建筑、安装、其他费用、价差及基本预备费	13 663
	2. 湿法脱硫主体		
	A. 湿法脱硫主体（不含GGH）		9705
		燃煤收到基含硫量 1.3%	
		燃煤低位发热量 20 000kJ/kg	

序号	模块名称	技 术 条 件	造价合计（万元）
十三	A. 湿法脱硫主体（不含GGH）	脱硫效率 98.6%	
		喷淋吸收塔 2 座	
		事故浆液箱 1 座	
		氧化风机 4 台	
		循环泵 10 台	
		脱硫负荷由高压厂用工作母线引接，2 台炉设低压脱硫变压器 2 台，互为备用，交流事故保安负荷由机组保安电源统一供给，设 1 组 110V 300Ah 直流蓄电池，单独设 1 套 20kVA 交流不停电电源（UPS）	
		脱硫主控制系统采用 2 套 FGD-DCS，工业闭路电视监视系统 1 套，每台机组烟气连续监测装置（烟气进、出口）2 套，火灾探测与报警系统 1 套，脱硫 pH 仪、浆液分析仪、电磁流量仪、物位仪、逻辑开关、电动/气动执行机构、变送器、热电偶、风量测量及一次检测元件等就地仪表 2 套	
		不含地基处理	

序号	模块名称	技　术　条　件	造价合计（万元）
十三		3. 石灰石制备系统	
	A. 石灰石制浆（湿磨）		1816
		粒径不大于 20mm 的石灰石块进厂	
		脱硫岛内设湿磨制浆车间，直接制备石灰石浆液	
		湿式球磨机 12t/h，2 台	
		混凝土石灰石块仓，一座，3天储量	
	B. 石灰石制浆（干磨）		2723
		粒径不大于 30mm 的石灰石块进厂	
		中速磨机 12t/h，2 台	
		磨制车间混凝土石灰石粉仓，1 座，3 天储量	
		混凝土石灰石块仓，1 座，3天储量	
		增设两台 500kVA 低压变压器，互为备用	
	C. 石灰石粉制浆	成品石灰石粉进厂	520
		钢筋混凝土石灰石粉仓，厂内石灰石粉仓，1 座，3 天储量	

序号	模块名称	技 术 条 件	造价合计（万元）
十三	C. 石灰石粉制浆	石灰石粉仓及石灰石浆液池采用钢筋混凝土现浇结构	
	4. 石膏脱水系统		
	A. 皮带机脱水、石膏库储放		1465
		真空皮带脱水机21t/h，2 台	
		混凝土石膏库房，3 天容量	
		单点落料，行车整理	
	B. 皮带机脱水、石膏仓		1510
		真空皮带脱水机21t/h，2 台	
		混凝土石膏仓，1 座，2 天容量	
		石膏仓卸料装置，84t/h，1 台	
	C. 无脱水，石膏浆液外送		476
		石膏输送管线 3km 抛弃点高差起伏不大，不考虑抛弃泵后的抛弃输送管投资	
十四	脱硝装置系统		
	A. 同步脱硝（尿素热解）	造价范围说明：含设备、建筑、安装、其他费用、价差及基本预备费	6168
		催化剂的层数按初装3 层设计	

序号	模块名称	技 术 条 件	造价合计（万元）
十四	A. 同步脱硝（尿素热解）	尿素储存、溶解、热解和输送系统及设备	6172
	B. 同步脱硝（液氨）	造价范围说明：含设备、建筑、安装、其他费用、价差及基本预备费	
		催化剂的层数按初装 3 层设计	
		液氨的储备系统及设备（含液氨卸载装置及储罐）	
		省煤器和 SCR 均不设烟气旁路	

① 若为深海取水，造价 17 265 万元。

② 若为海边敞开式取水，造价 13 305 万元。

二、2×660MW 国产超超临界燃煤机组 火电工程限额设计参考造价 指标及调整模块

（一）编制说明

1. 主要编制依据

（1）主要设备价格以中国电能成套设备有限公司提供的资料为基础，并综合考虑各发电集团公司意见，同时参照实际工程招标情况做了部分修正。

（2）建筑、安装工程主要材料价格采用北京地区 2018 年价格，其中安装材料的实际价格以电力建设工程装置性材料价格资料为基础，并结合 2018 年实际工程招标价格作了综合测算。人工工资、定额材料机械调整执行电力工程造价与定额管理总站《关于发布 2013 版电力建设工程概预算定额 2018 年度价格水平调整的通知》（定额〔2019〕7 号）。

（3）定额采用国家能源局 2013 年 8 月发布的《电力建设工程概算定额》（2013 年版）、2016 年 11 月发布的《电力建设工程定额估价表》（2013 年版），部分项目采用《北京市建筑工程概算定额》。

（4）费用标准按照电力工程造价与定额管理总站《关于发布电力工程计价依据营业税改征增值税估价表的通知》（定额〔2016〕45 号）、2013 年 8 月由国家能源局发布的《火力发电工程建设预算编制与计算规定》（2013 年版），其他政策文

件依照惯例使用至 2018 年年底止。

（5）国产机组造价内已含少量必要的进口设备、材料费用，进口汇率按 1USD=6.863RMB，其相应的进口费用已计入设备材料费中，其中的关税按《中华人民共和国进出口关税条例》中的优惠税率计。

（6）抗震设防烈度按 7 度考虑。

（7）本指标价格只计算到静态投资，基本预备费率为 3%。

2．编制范围

本指标不包括下列内容：

（1）灰渣综合利用项目（指厂外项目）；

（2）厂外光纤通信工程；

（3）地方性的收费；

（4）项目融资工程的融资费用；

（5）价差预备费；

（6）建设期贷款利息。

3．基本技术组合方案说明

与 2017 年水平相比，基本方案未做调整。

4．费用变化说明

取价原则变化，价格水平贴近市场，采用中等偏低价格。

5．调整指标及模块有关说明

与 2017 年水平相比，模块未做调整。

每个模块列出的明细表仅为该模块各方案间有差异的主要内容，模块方案造价不只包含明细表中列出的内容，模块造价为静态投资，含模块界限内的建筑、设备、安装费用，不含其他费用、材料价差（烟风煤管道、高压汽水管道、中低压管道价差，以及烟囱和主厂房结构模块的建筑材料价差除外）及基本预备费，脱硫及脱硝模块为完整的静态投资（含材差、其他费用及基本预备费），模块各方案造价的边界一致，可以互换，个别模块需要与其他模块联合使用。若现有调整模块不能覆盖实际工程的技术条件时，造价分析时可根据工程实际情况自行调整。

（二）2×660MW 机组参考造价指标

机组容量			2018 年参考造价指标（元/kW）
660MW 超超临界	两台 机组	新建	3499
		扩建	3012

注　1. "扩建" 指在规划容量内连续扩建 2 台同型机组，详细技术条件与工程量见 2×660MW 机组基本技术组合方案，在其他条件下必须进行调整。

　　2. 依托老厂、机组类型大于上期的建设项目，单位千瓦造价约为新建工程的 92%。

（三）各类费用占指标的比例

机组容量	建筑工程费用（%）	设备购置费用（%）	安装工程费用（%）	其他费用（%）	合计（%）
2×660MW 超超临界	25.24	42.76	19.01	12.99	100

（四）2×660MW 机组新建工程其他费用汇总表

序号	工程或费用名称	2018 年其他费用（万元）
一	建设场地占用及清理费	12 383
二	项目建设管理费	9662

序号	工程或费用名称	2018年其他费用（万元）
三	项目建设技术服务费	14 049
四	分系统调试及整套启动试运费	4452
五	生产准备费	3643
六	大件运输措施费	300
合计		44 490

注 不含基本预备费，不含脱硫、脱硝装置系统的其他费用。

（五）2×660MW机组新建工程主要参考工程量

序号	项目名称	单位	2018年参考工程量
一	主厂房体积	m^3	431 482
1	汽机房体积	m^3	179 871
2	煤仓间体积	m^3	126 614
3	炉前封闭体积	m^3	12 788
4	锅炉运转层以下封闭体积	m^3	90 368
5	集控楼体积	m^3	21 841
二	热力系统汽水管道，其中：	t	3361
1	高压管道	t	1711
（1）	主蒸汽管道	t	448
（2）	再热蒸汽（热段）	t	488

序号	项目名称	单位	2018年参考工程量
（3）	再热蒸汽（冷段）	t	218
（4）	主给水管道	t	557
2	中低压管道	t	1650
三	烟风煤管道	t	3695
四	热力系统保温油漆（含炉墙保温）	m^3	19 407
五	全厂电缆，其中：	km	2210
1	电力电缆	km	355
2	控制电缆	km	1855
六	电缆桥架（含支架）	t	1500
七	土建主要工程量		
1	主厂房基础	m^3	4014
2	主厂房框架	m^3	8443
3	主厂房吊车梁	t	197
4	钢煤斗	t	768
5	汽轮机平台	m^2	5000
6	主厂房钢屋架	t	450
	其中：钢屋架	t	187
	钢支撑、檩条	t	263

序号	项目名称	单位	2018 年参考工程量
八	建筑三材量		
1	钢筋	t	29 670
2	型钢	t	11 757
3	木材	m³	777
4	水泥	t	107 858
九	厂区占地面积	hm²	44
十	施工租地面积	hm²	25

注 1. 主厂房体积含集控楼体积、锅炉运转层以下部分体积。

2. 建筑三材量不包括铁路、码头部分。

3. 锅炉的本体管道保温按照工程量项目划分原则归入全厂保温油漆的量中。

4. 高压管道工程量计算以锅炉 K1 柱外 1m 为界。K1 柱处主汽管道标高为 74.9m，再热冷段管道标高为 74.9m，再热热段管道标高为 42.3m，主给水管道标高到省煤器入口。

5. 不含脱硫、脱硝装置系统各项工程量。

6. 电缆桥架采用镀锌钢材。

（六）建筑材料及征地价格

序号	项目名称	单位	2018 年实际单价（不含税）
一	建筑三材		
1	水泥	元/t	517

序号	项目名称	单位	2018 年实际单价（不含税）
2	木材	元/t	1897
3	钢筋	元/t	3457
4	型钢	元/t	3504
5	钢板	元/t	3698
二	征地		
1	厂区及厂外道路	元/亩	120 000
2	灰场	元/亩	70 000
三	租地	元/亩	5000

（七）660MW 机组装置性材料实际综合价格

序号	材料名称	单位	2018 年参考单价（不含税）	
			超临界	超超临界
1	主蒸汽管道 P91/P92	元/t	66 864	68 921
2	再热热段蒸汽管道（P22/P91/P92）	元/t	69 472	73 489
3	再热冷段蒸汽管道	元/t	20 329	33 634
4	主给水管道	元/t	36 493	48 178
5	锅炉排污、疏放水管道	元/t	9791	
6	汽轮机抽汽管道	元/t	21 726	

序号	材料名称	单位	2018 年参考单价（不含税）	
			超临界	超超临界
7	辅助蒸汽管道	元/t	16 783	
8	加热器疏水、排气、除氧器溢放水管道	元/t	21 507	
9	凝汽器抽真空管道	元/t	17 859	
10	汽轮机本体轴封蒸汽及疏水系统	元/t	14 012	
11	汽轮发电机组油、氮气、二氧化碳、外部冷却水系统管道	元/t	19 243	
12	给水泵汽轮机本体系统管道	元/t	17 804	
13	主厂房循环水、冷却水管道	元/t	13 059	
14	主厂房内空气管道	元/t	16 227	
15	中低压给水管道	元/t	16 998	
16	0 号柴油	元/t	6065	
17	烟道	元/t	6823	
18	热风道	元/t	7430	
19	冷风道	元/t	7092	
20	送粉管道	元/t	10 762	

序号	材料名称	单位	2018 年参考单价（不含税）	
			超临界	超超临界
21	原煤管道	元/t	5739	
22	岩棉	元/m³	350	
23	硅酸铝	元/m³	597	
24	微孔硅酸钙	元/m³	1136	
25	超细玻璃棉	元/m³	986	
26	电力电缆　　6kV 以上	元/m	208	
27	电力电缆　　6kV 以下	元/m	68	
28	电气控制电缆	元/m	10	
29	热控电缆	元/m	9	
30	计算机电缆	元/m	8	
31	补偿电缆（综合价）	元/m	20	
32	共箱母线	元/m	4676	
33	共箱母线（交流励磁）	元/m	9074	
34	共箱母线（直流励磁）	元/m	6285	
35	电缆桥架（钢）	元/t	6771	
36	电缆支架（钢）	元/t	4951	

注　1. 炉墙砌筑材料价格在保温材料中统一体现。

　　2. 共箱母线/励磁母线均为铜导体。

（八）660MW 机组设备参考价格

序号	设备名称	规格型号	设备台套单位	2018年参考价
一	热力系统			
1	锅炉（烟煤）	超临界，1900t/h（不含节油点火装置）	台	22 800
2	锅炉（烟煤）	超临界，2140t/h（不含节油点火装置）	台	23 300
3	锅炉（烟煤）	超超临界，2040t/h（不含节油点火装置）	台	28 100
4	锅炉（烟煤）	提高参数的超超临界	台	29 300
5	锅炉（烟煤）	二次再热	台	38 700
6	W型锅炉	超临界，2140t/h（不含节油点火装置）	台	26 800
7	锅炉（褐煤）	超临界，2140t/h（不含节油点火装置）	台	25 300
8	锅炉（褐煤）	超超临界	台	30 800
9	锅炉（褐煤）	提高参数的超超临界	台	31 300
10	节油点火装置	等离子点火装置，6只（1层）	套/炉	410

序号	设备名称	规格型号	设备台套单位	2018年参考价
11	节油点火装置	小油枪点火装置，6只（1层）	套/炉	140
12	汽轮机	超临界，600MW，24.2/566/566型（含DEH）	台	13 400
13	汽轮机	超临界，660MW，24.2/566/566型（含DEH）	台	13 400
14	汽轮机	超超临界，660MW，湿冷，三缸四排汽（含DEH）	台	15 400
15	汽轮机	提高参数的超超临界	台	15 900
16	汽轮机	二次再热	台	22 800
17	发电机	QFSN-660-2型（含静态励磁系统）	台	7300
18	发电机	QFSN-600-2型（含静态励磁系统）	台	7300
19	中速磨煤机	HP-1003型（减速器关键部件进口）/ MPS212-Ⅱ型/ZGM113型（含密封风机等）	台	400
20	中速磨煤机	MPS225-HP-Ⅱ型（含密封风机等），适用于褐煤	台	540

序号	设备名称	规格型号	设备台套单位	2018年参考价
21	双进双出钢球磨	MPS4366型，1800kW（含钢球、润滑油、密封风机等）	台	800
22	风扇磨	MB3600型，47.22/86.5，1350kW	台	500
23	电子称重式给煤机	出力10～100t/h	台	25
24	送风机（含电机）	动叶可调轴流式，Q=1 054 000m³/h，1600kW	台	130
25	引风机（含电机）	静叶可调轴流式，Q=1 844 000m³/h，3200kW	台	170
26	引风机（含电机）	动叶可调轴流式	台	235
27	引风机（含电机）	静叶可调轴流式，Q=1 844 000m³/h，5200kW（引风机与增压风机合并）	套	230
28	引风机（含电机）	动叶可调轴流式，Q=1 844 000m³/h，5200kW（引风机与增压风机合并）	套	275
29	一次风机（含电机）	动调轴流，Q=361 000m³/h，2000kW	台	130

序号	设备名称	规格型号	设备台套单位	2018年参考价
30	低温省煤器	一级，重量950t	套	1200
31	电除尘器	双室四电场（含高频电源），$\eta \geqslant 99.8\%$，2600t	套	3150
32	电除尘器	双室五电场（含高频电源），$\eta \geqslant 99.84\%$，3120t	套	3250
33	电除尘器	双室五电场（含高频电源），采用低低温技术，$\eta \geqslant 99.92\%$，3120t	套	3850
34	湿式除尘器	双室一电场（含电源），$\eta \geqslant 70\%$	套	1950
35	50%汽动给水泵	含主泵、前置泵	套	380
36	50%给水泵汽轮机	给水泵汽轮机及MEH等仪表与控制系统	套	450
37	50%引风机汽轮机	含引风机汽轮机及其凝汽器设备，含减速箱（进口）	台	830
38	50%汽动给水泵	含主泵、前置泵（配超临界机组）	套	580

序号	设备名称	规格型号	设备台套单位	2018年参考价
39	100%汽动给水泵	配超超临界机组，前置泵与主泵同轴布置（含主泵、前置泵、减速箱，主泵、减速箱整体进口）	台	800
40	100%汽动给水泵汽轮机	给水泵汽轮机及MEH等仪表与控制系统（含凝汽器）	台	1000
41	50%电动给水泵	Q=1277t/h，P=19.94MPa，11 000kW	套	810
42	35%电动给水泵	主泵、前置泵、液力偶合器（配超临界机组），进口芯包	套	870
43	30%电动给水泵	主泵、前置泵、液力偶合器	套	455
44	30%电动给水泵	配超/超超临界机组，启动泵、定速泵（含主泵、前置泵、齿轮箱、主泵电动机，不含出口调节阀）。芯包国产，出口和最小流量阀逆止门进口	台	300

序号	设备名称	规格型号	设备台套单位	2018 年参考价
45	30%电动给水泵	配超/超超临界机组（含主泵、前置泵、进口液力偶合器、主泵电动机）。芯包国产，出口和最小流量阀逆止门进口	台	480
46	凝汽器	钛管，36 000m²	台	4500
47	凝汽器	不锈钢 304,36 000m²	台	1728
48	凝汽器	不锈钢 316,36 000m²	台	2232
49	凝汽器	不锈钢 317,36 000m²	台	2880
50	凝汽器	不锈钢 316L,36 000m²	台	2340
51	凝汽器	不锈钢 317L,36 000m²	台	3060
52	汽轮机旁路装置	30%BMCR 简化旁路（含就地仪表与执行器）	套	315
53	汽轮机旁路装置	30%BMCR 简化旁路（含就地仪表与执行器），配超临界机组	套	405
54	汽轮机旁路装置	40%BMCR，高低压两级串联,简化旁路(含就地仪表与执行器),配超临界机组	套	500

序号	设备名称	规格型号	设备台套单位	2018年参考价
55	汽轮机旁路装置	40%BMCR 高低压两级串联，简化旁路（含就地仪表与执行器），配超超临界机组，低旁阀阀体材质为 F91	套	560
56	汽轮机旁路装置	40%BMCR 高低压两级串联，简化旁路（含就地仪表与执行器），配超超临界机组，低旁阀阀体材质为 F92	套	620
57	除氧器及水箱	GWC-1790 G5-235 型	套	350
58	高压加热器	三级，卧式（含阀门）	套	900
59	高压加热器	三级，卧式（含阀门），配超临界机组	套	1000
60	高压加热器	三级，卧式（含阀门），配超临界机组（含外置蒸发冷却器）	套	1150
61	低压加热器	四级，卧式（含阀门），配湿冷机组	套	670
62	低压加热器	三级，卧式（含阀门），配空冷机组	套	555

序号	设备名称	规格型号	设备台套单位	2018年参考价
63	凝结水泵	100%，1522m^3/h，3.4MPa，2100kW	台	80
64	真空泵	50%，每台机3台，2用1备	台	40
65	汽机房行车	80/20t（含保护）	台	130
二	燃料供应系统			
66	翻车机	C型单车翻车机及其调车系统 Q=25节/h	套	1100
67	翻车机	折返式双车翻车机及其调车系统 Q=40节/h	套	1600
68	桥式抓斗卸船机	1500t/h，轨距22m	台	3600
69	清仓机	180HP	台	280
70	斗轮堆取料机	1500/1500t/h 臂长35m，折返式	套	1070
71	斗轮堆取料机	3600/1500t/h 臂长40m，通过式	套	1450
72	活化给煤机	Q=1000t/h	台	90

序号	设备名称	规格型号	设备台套单位	2018年参考价
73	胶带输送机	1400mm（含胶带，不含皮带机保护元件，减速器为中外合资产品）	m	0.8
74	胶带输送机	1800mm（含胶带，不含皮带机保护元件，减速器为中外合资产品）	m	0.95
75	环（锤）式碎煤机	1000t/h	台	60
76	滚轴筛	$Q=1500t/h$	台	35
77	皮带给煤机	$B=1600mm$，$Q=350\sim860t/h$	台	30
78	桥式叶轮给煤机	$B=1400mm$，$Q=300\sim1000t/h$，带变频调速	台	35
79	推煤机	TY220型	台	80
80	装载机	ZL50	台	35
81	火车取样装置	门式，跨距6m，用于单台翻车机（缩分、破碎、液压装置进口，减速器为中外合资产品）	台	65

序号	设备名称	规格型号	设备台套单位	2018年参考价
82	火车取样装置	桥式，跨距13.5m，用于双线火车卸煤沟（缩分、破碎、液压装置进口，减速器为中外合资产品）	台	75
83	汽车取样装置	缩分、破碎、液压装置进口，减速器为中外合资产品	套	60
84	皮带中部取样装置	B=1400mm，双取样头，对应1套二级缩分、一级破碎、回煤装置（用于入炉煤，取样头、缩分、破碎装置进口）	台	75
85	皮带中部取样装置	B=1800mm，单取样头，对应1套三级缩分、二级破碎、回煤装置（用于入厂煤，取样头、缩分、破碎装置进口）	台	100
86	动态轨道衡	断轨	台	35
87	动态轨道衡	不断轨	台	60

序号	设备名称	规格型号	设备台套单位	2018年参考价
88	二工位头部伸缩装置	B=1400mm	台	35
89	三工位头部伸缩装置	B=1400mm	台	40
90	运煤系统一次元件（新建）	包括双向拉绳开关、二级跑偏开关、胶带纵向撕裂检测装置、煤流检测装置、速度检测装置、堵煤信号、原煤仓高（低）和连续料位信号等	套	95
91	运煤系统一次元件（扩建）	包括双向拉绳开关、二级跑偏开关、胶带纵向撕裂检测装置、煤流检测装置、速度检测装置、堵煤信号、原煤仓高（低）和连续料位信号等	套	30
三	除灰系统			
92	气力除灰	输灰、控制、除尘设备等（不含管道、空压机），输送距离500m，单台炉除灰系统出力110t/h；五电场，2×32+2×3个灰斗	套/2炉	665

序号	设备名称	规格型号	设备台套单位	2018年参考价
93	刮板捞渣机	单侧捞渣机（关键部件进口，含渣井、关断门、液压控制装置）长度35m，出力15～60t/h	台	360
94	刮板捞渣机	单侧捞渣机（关键部件进口，含渣井、关断门、液压控制装置等），长度65m，出力15～60t/h	台	400
95	干式排渣机	含渣井、关断门、碎渣机、渣仓、就地控制、斗式提升机，出力12～35t/h，长度45m	套	570
96	灰渣泵（含电机）	离心式，Q=280m³/h，P=0.7MPa	套	32
97	自卸汽车	17t	台	45
98	浓缩机	10m（12m）	台	55
四	水处理系统			
99	超滤装置	含加药装置、进水泵、保安过滤器、反洗水泵、水箱、膜组件、换热器等	t/h	1.2

序号	设备名称	规格型号	设备台套单位	2018年参考价
100	反渗透装置	含加药装置、反洗水泵、升压泵、保安过滤器、水箱、膜组件、换热器等	t/h	1.5
101	制氢装置	含程控，无人值守，3个罐，标准状态下 $1×10m^3/h$	套	260
102	水汽集中取样分析装置	部分仪表进口，常规仪表国产（不含凝汽器检漏）	套	125
103	电解海水制氯	设备容量为 $2×90kg/h$（可连续及冲击加氯，含工艺设备、管道、阀门、电气、控制等）	套/2机	580
104	凝结水精处理装置	两机一套再生装置（含程控、树脂），配3×50%混床。亚临界机组适用	套/2机	940
105	凝结水精处理装置	两机一套再生装置（含程控、树脂），配2×50%前置过滤器+3×50%混床	套/2机	1150

序号	设备名称	规格型号	设备台套单位	2018年参考价
106	凝结水精处理装置	两机一套再生装置(含程控、树脂),配2×50%前置过滤器+3×50%混床(直接空冷机组)	套/2机	1400
五	供水系统			
107	循环水泵	Q=10m³/s,扬程25m,立式斜流泵,电动机功率3400kW,导叶体Q235A	套	300
108	循环水泵	耐海水,Q=10m³/s,扬程25m,立式斜流泵,电动机功率3400kW。过流部件采用双相不锈钢材质	套	600
109	循环水泵	耐海水,功率3400kW。过流部件采用超级双相不锈钢材质	套	720
110	补给水泵(含电机)	Q=1500m³/h,扬程50m,卧式离心泵,电动机功率400kW	套	28
111	直接空冷设备	包括空冷凝汽器、A型架、隔墙、蒸汽分配管、风机桥架、防护网	万m²	39

序号	设备名称	规格型号	设备台套单位	2018年参考价
112	空冷风机	直径 9.15m，功率 132kW（含变频器、风机筒、电动机、齿轮箱）	台	41
113	间接空冷设备	包括散热器管束、冷却三角框架、支撑件、百叶窗、散热器清洗系统、塔内管道。管束垂直布置	万 m²	41
六	电气系统			
114	主变压器	500kV，240MVA，单相无载调压	台	640
115	主变压器	500kV，260MVA，单相无载调压	台	670
116	主变压器	500kV，720MVA，三相无载调压	台	1750
117	主变压器	500kV，780MVA，三相无载调压	台	1940
118	主变压器	220kV，780MVA，三相无载调压	台	1580
119	主变压器	330kV，720MVA，三相无载调压	台	1440

序号	设备名称	规格型号	设备台套单位	2018 年参考价
120	主变压器	750kV，720MVA，三相无载调压	台	2100
121	SF$_6$断路器	500kV，50kA/63kA，罐式液动带合闸电阻（国产）	台	250
122	SF$_6$断路器	500kV，50kA/63kA，罐式液动	台	225
123	SF$_6$断路器	500kV，50kA/63kA，柱式带合闸电阻	台	90
124	SF$_6$断路器	500kV，50kA/63kA，柱式	台	80
125	SF$_6$断路器	750kV，50kA/63kA，罐式液动	台	750
126	SF$_6$断路器	330kV，50kA/63kA，罐式液动	台	130
127	高压厂用变压器	63/35-35MVA，无载调压	台	390
128	启动/备用变压器	500kV/6.3kV，63/35-35MVA，有载调压	台	710
129	启动/备用变压器	220kV/6.3kV，63/35-35MVA，有载调压	台	510

序号	设备名称	规格型号	设备台套单位	2018年参考价
130	500kV户内GIS	断路器间隔，4000A，63kA（含主母线及分支母线）	间隔	450
131	500kV户内GIS	母线设备间隔	间隔	70
132	发电机断路器	140kA	台	900
133	高压开关柜	KYN-10型，3150A，40kA，进口开关	台	18
134	高压开关柜	KYN-10型，3150A，40kA	台	14
135	高压开关柜	KYN-10型，1250～1600A，40kA	台	11
136	高压开关柜	KYN-10型，TV柜	台	4.5
137	高压开关柜	F-C单回路，40kA，10kV	台	8
138	高压开关柜	4000A，50kA（进口真空断路器柜）	台	27
139	高压开关柜	馈线柜，1250A，50kA（合资厂真空断路器柜）	台	13.5

序号	设备名称	规格型号	设备台套单位	2018年参考价
140	高压开关柜	馈线柜，50kA（合资厂单回路 F-C 柜），10kV	台	11
141	低压开关柜	PC，主厂房内	台	6.5
142	低压开关柜	MCC，主厂房内	台	4.5
143	输煤程控装置	上位机、PLC、网络通信电缆、输煤工业电视系统，不包括传感器	套	210
144	交流不停电电源装置	100kVA，单台（三相输入，单相输出）	套	45
145	网络监控系统	微机监控系统	套	210
146	柴油发电机	1200kW（含脱硫），主机进口	台	200
七	热工控制系统			
147	分散控制系统	包括 DAS、MCS、SCS（含电气控制）、FSSS 等 4 功能子系统，配 5 个操作员站等人机接口设备，I/O 点规模为 8000 点	套	460

序号	设备名称	规格型号	设备台套单位	2018 年参考价
148	除渣程控装置	包括 PLC 程控、操作员站、软硬件系统、机柜、就地仪表和执行机构	套	85
149	化学补给水程控装置	包括 PLC 程控、操作员站、软硬件系统、机柜、就地仪表和执行机构	套	190
150	燃油泵房程控装置	包括 PLC 程控、操作员站、软硬件系统、机柜、就地仪表和执行机构	套	60
151	空调仪表与控制系统	包括 PLC 程控、操作员站、软硬件系统、机柜、就地仪表和执行机构	套	60
152	火检及冷却风系统	根据炉型不同火检数量不同，按前后墙对冲燃烧方式，84 只火检，2 台冷却风机，进口	套	150
153	全厂工业闭路电视监视系统	170 点	套	145

序号	设备名称	规格型号	设备台套单位	2018年参考价
八	附属生产工程			
154	启动锅炉及辅机	燃油, 35t/h, 1.29MPa, 300℃	台	260
155	启动锅炉及辅机	煤炉, 35t/h	台	575

注 除单独列出超临界或超超临界机组用的设备价格以外, 其他
设备价格均为超临界机组及超超临界机组一致的价格。

(九) 2×660MW 机组基本技术组合方案

系统项目	2×660MW+2×660MW	
名称	新 建	扩建
一、热力系统		
1. 主厂房结构形式及布置(含集控楼)	汽机纵向, 机头朝向固定端, 主厂房钢筋混凝土结构, 汽机房跨度 30.6m, 除氧间跨度 9m, 煤仓间跨度 12m (柱中心线间距), 炉前通道 6.5m, 柱距 10m, 厂房长 171.5m, 汽机运转层标高 13.7m。主厂房钢筋混凝土结构, 汽机房厂房体积 181 079m³, 煤仓间体积 126 614m³, 炉前封闭体积 14 467m³, 集控楼 21 479m³, 锅炉运转层以下封闭体积 61 087m³, 主厂房体积 431 482m³	同左

系统项目	2×660MW+2×660MW	
名称	新　　建	扩建
2. 锅炉	超超临界，2040t/h（钢炉架，同步脱硝），2台	同左
3. 汽轮机	超超临界，660MW，25/600/600型，2台	同左
4. 发电机	QFSN-660-2型，2台	同左
5. 制粉系统	中速磨煤机ZGM113G型，12台	同左
6. 除尘系统	双室五电场静电除尘器，$\eta \geqslant$ 99.8%，4台	同左
7. 给水泵	汽动给水泵，1253m^3/h，33.64MPa，4台；电动调速给水泵，752m^3/h，34MPa，2台	同左
8. 风机	送风机：动叶可调轴流式，802 116m^3/h，4台	同左
	引风机：动叶可调轴流式，2 050 524m^3/h，4台	
	一次风机：动叶可调轴流式，Q=353 800m^3/h，H=17 771Pa，4台	
9. 四大管道材质	主汽管道（P92），再热热段（P92），再热冷段（A691Gr1-1/4CrCL22），主给水管道（15NiCuMoNb5-6-4）	同左

系统项目	2×660MW+2×660MW	
名称	新　　建	扩建
10. 锅炉真空清扫系统	1台真空吸尘车，55.125kW（75HP），风量3000m³/h，真空度51kPa，两台炉各平台的吸尘管道以及煤仓间的吸尘管道	同左
11. 暖通系统	汽机房屋顶通风器通风；集控楼2套2×100%屋顶式恒温恒湿空调机组；输煤系统高压静电除尘器；采暖加热站，外网及热风系统	同左
12. 烟道支架	钢烟道支架为钢筋混凝土结构，主烟道为钢结构	同左
13. 引风机支架	钢筋混凝土框架结构	同左
14. 送风机支架	钢筋混凝土框架结构	同左
15. 烟囱	210m/2φ7.5m，1座，钢筋混凝土外筒，钛钢复合板双内筒烟囱	同左
二、燃煤供应系统		
1. 简要说明	运煤系统的设计出力按4×600MW机组容量考虑，卸煤和储煤设施分期建设	

系统项目	2×660MW+2×660MW	
名称	新　　　建	扩建
2. 卸煤	全部铁路敞车运煤进厂，单车翻车机及其调车系统2套，2重2空1走行，折返式布置。带式给煤机 Q=350～860t/h，4台。动态轨道衡1台，火车取样机2台	单车翻车机及其调车系统1套，1重1空1走行，带式给煤机 Q=350～860t/h，2台，火车取样机1台
3. 储煤	煤场容量2×600MW机组10天耗煤量。斗轮堆取料机1500/1500t/h，臂长35m，折返式，2台。推煤机2台，装载机2台 煤场为全封闭条形煤场。最大堆煤高度13.5m，煤场容量满足2×660MW机组10天耗煤量。煤棚上部结构为拱形空间网架结构，上铺彩色单层彩色压型钢板。网架中部下弦净空大于或等于30.0m，干煤棚横向跨度（内侧净空）110m，纵向长度200m，两端压型钢板全封闭。斗轮堆取料机1500/1500t/h，臂长35m，折返式，2台。推煤机2台，装载机2台	煤场延长至煤场总容量为4×660MW机组15天耗煤量，增设1台推煤机

系统项目	2×660MW+2×660MW	
名称	新　　　建	扩建
4. 运煤	运煤胶带机 B=1400mm， v=2.5m/s， Q=1500t/h，双路设置；胶带机总长 L=2300m，原煤仓配煤方式采用犁煤器方案。	煤场胶带机延长 L=140m；煤仓间胶带机延长 L=170m
5. 碎、筛煤	环式碎煤机 Q=1000t/h，2 台；滚轴筛 Q=1500t/h，2 台	
6. 主要辅助建筑	输煤综合楼按 4000m³，推煤机库按 400m²	
7. 点火油罐	500m³ 钢油罐，2 个	
8. 含油污水处理	简易装置 1 套	
9. 栈桥、廊道	煤场至碎煤机室为钢筋混凝土结构、压型钢板封闭，长 77m；碎煤机室至主厂房段为钢筋混凝土柱、钢桁架、压型钢板封闭，长 130m；其他部分栈桥 85m，地下隧道 120m	
10. 转运站	钢筋混凝土结构	
11. 斗轮机基础	钢筋混凝土基础	

系统项目	2×660MW+2×660MW	
名称	新　　　建	扩建
12. 翻车机室	钢筋混凝土结构,1 座翻车机室按安装 2 台单车翻车机设计	1 个单翻车机室
三、除灰系统		
1. 厂内除灰渣（石子煤）方式	灰渣分除，干灰集中至灰库，范围为除尘器灰斗法兰至灰库卸料设备出口，输送距离 500m，单台炉除灰系统出力 110t/h，双室四电场电除尘器；风冷式排渣机，斗式提升机输送至渣仓，范围为锅炉炉灰斗插板出口至渣仓卸料设备出口，风冷式排渣机（含渣井、关断门），宽度 1400mm，连续出力 10t/h，最大出力 20t/h，排渣温度 150℃以下，2 台；电瓶叉车运输石子煤，分界点为中速磨石子煤斗出口	同左
2. 厂外汽车运灰渣	运灰公路 5km，三级标准，每 1km 设 25m 缓冲带（宽 12m），占地 60 亩；17t 自卸汽车，20 辆，2 个车位检修车库 150m^2	
3. 灰场机械	8t 洒水车 2 辆，YZ10J 型自动碾压机 2 辆，YSZ06C 型手动碾压机 2 辆，T140 型推土机 2 辆，ZL40 型装载机 2 辆	同左
4. 灰库	钢筋混凝土筒仓，无保温	同左

系统项目	2×660MW+2×660MW	
名称	新　建	扩建
5. 除灰综合楼	钢筋混凝土框架结构	同左
6. 气化风机房	钢筋混凝土框架结构	同左
四、水处理系统		
1. 锅炉补给水处理	2×80t/h 超滤、反渗透加 2×（100～120t/h）一级除盐加混床系统	增加一列 60t/h 超滤反渗透装置
2. 化验室	气：SF_6 分析；水、煤（含入厂煤、入炉煤）、油（含透平油、绝缘油、抗燃油）分析	
3. 汽水集中取样分析	含高温高压取样冷却装置及在线分析仪表，仪表配置原则按最新的化学技术规程	同左
4. 凝结水精处理	2×50% 前置过滤器、3×50%H/OH 型混床、混床出口不设钠表，两机合用一套再生装置、配 7 份树脂	同左
5. 循环水稳定处理系统	循环水加酸加阻垢处理	同左
6. 循环水杀生处理系统	电解食盐制次氯酸钠 2×10kg/h	同左

系统项目	2×660MW+2×660MW	
名　称	新　　　建	扩建
7. 给水加药处理系统	加氨加氧联合处理,两机合用一套加药系统	同左
8. 工业废水集中处理	设 3×2000m³ 废水池,100t/h 澄清器 1 台,10t/h 脱水机设 1 台。相对集中处理,正常工况下回收利用,不外排。包括酸碱再生废水、酸洗废水、空预器冲洗水等。不包括含煤废水处理、含油污水处理	
9. 氢气系统	标准状态下 1×10m³/h 电解制氢加干燥储存装置	
10. 厂区管道	防腐管道采用钢衬塑管道及不锈钢管	同左
11. 锅炉补给水处理车间	钢筋混凝土框（排）架结构	
12. 化验楼	砌体结构	
13. 循环水加药间	钢筋混凝土框（排）架结构	同左
14. 制氢站	钢筋混凝土框架结构	

系统项目	2×660MW+2×660MW	
名称	新 建	扩建
15. 工业废水处理站	钢筋混凝土结构，废水池防腐采用涂防腐材料	
五、供水系统		
1. 供水方式	采用扩大单元制二次循环供水系统	同左
2. 冷却水塔	每台机配逆流式自然通风冷却塔 1 座，冷却塔淋水面积为 8500m² ，考虑防冻措施	同左
3. 循环水系统	两台机共用 1 座循环水泵房，泵房内安装 4 台循环水泵（立式斜流泵），进水间和泵房全封闭，下部结构 28m×24m×11m（长×宽×深），地上结构 15m×46m×18.4m（长×宽×高）。循环水压力管道采用焊接钢管；2×DN3000，总长 $L=2000m$	同左
4. 补给水系统	补给水为地表水，补给水泵房设 3 台补给水泵，土建按 5 台泵一次建成。下部结构 20.9m×19.0m×20.48m（长×宽×深）	增设 2 台水泵
5. 补给水管线	2×DN800，单线长度 $L=15km$	

系统项目	2×660MW+2×660MW	
名 称	新 建	扩建
6. 净化站	地表水净化站在厂内布置，处理容量 3×1200m³/h，采用二级处理工艺：斜管/板混凝沉淀+过滤（部分）	同左
六、电气系统		
1. 出线回路	2 回	1 回
2. 配电装置	500kV屋外式,3/2断路器接线，采用柱式 SF₆ 断路器	同左
3. 主变压器	每台机设 1 台国产三相式变压器，容量780MVA	同左
4. 高压厂用电源	每台机组设 1 台 63/35-35MVA分裂绕组高压厂用变压器和 1 台 20MVA 双绕组高压脱硫变压器	同左
5. 高压厂用断路器	真空断路器与 F-C 柜组合。电源回路采用国产化真空断路器。馈线柜采用国产化设备，1250kVA 及以下低压厂用变压器回路和 1000kW 及以下电动机回路采用 F-C 设备	同左
6. 启动/备用电源	设 1 台有载调压分裂变压器，由厂内升压站引接，变压器容量63/35-35MVA。正常运行时启动/备用变压器不带负荷	同左

系统项目	2×660MW+2×660MW	
名 称	新 建	扩建
7. 事故保安电源	每台机组设置 1 台 1200kW 柴油发电机组（含供脱硫系统保安负荷 170kW 左右）	同左
8. 交流不停电电源	每台机组设置 1 台 100kVA UPS 装置	同左
9. 网络控制系统	500kV 配电装置，3/2 接线，（2进、2 出）两个完整串，网络控制配置微机监控系统一套，就地设继电器小室，数据采集装置按串配，双上位机（操作员站）	增加本期数据采集单元
10. 直流系统	每台机组包括控制 2 组 110V 600Ah 蓄电池、配高频开关电源型充电装置 2 组（模块 $n+2$ 冗余配置），动力 1 组 220V 1600Ah 蓄电池、配高频开关电源型充电装置 1 组（模块 $n+2$ 配置），直流屏、绝缘检查装置、电池检测装置。网络继电器室设置 2 组 220V 400Ah 蓄电池及配套高频开关电源型充电装置 2 组（模块 $n+2$ 冗余配置）	同左。但网络直流蓄电池不新增
11. 发电机–变压器组保护	发电机–变压器组保护采用装置双重化配置。保护屏 12 面（含启动/备用变压器保护屏 2 面）	同左

系统项目	2×660MW+2×660MW	
名称	新　　建	扩建
12. 输煤控制系统	程控系统。按 4×660MW 规划容量考虑程控装置：2 套上位机（操作员站），PLC 控制，I/O 点数 1200 点左右，2~3 个远程站，包括网络通信电缆。输煤工业电视系统：4 个显示器，16 个摄像头（2 个彩色变焦，14 个黑白），矩阵切换器等，不包括传感器	根据工程实际情况，考虑适当增加 I/O 点及摄像头数量
13. 全厂高压开关柜（含单回路 F-C）	主厂房 145 面，输煤系统 26 面（不含脱硫、脱硝系统）	163 面
14. 升压站	500kV 屋外式，钢结构	同左
15. A 列外构筑物	构架为钢结构，设备基础为钢筋混凝土基础	同左
七、系统二次		
1. 继电保护	500kV 线路保护 4 套、母线保护 4 套、每台断路器配置 1 套断路器保护、配置线路故障录波器 1 面、保护及故障录波信息管理子站 1 套、行波测距装置 1 套及安全稳定控制装置 2 套	增加线路保护 2 套，增加 1 套断路器保护，已有系统按扩容考虑

系统项目	2×660MW+2×660MW	
名称	新　　建	扩建
2. 调度自动化	远动与网控统一考虑。配置 AGC/AVC 测控柜 1 套。500kV 出线侧、启动/备用变压器高压侧配置主/校、0.2S 级关口表；机组出口侧配置单、0.5S 级考核表；电能表处理器 1 套，计费小主站 1 套。调度数据网接入设备、二次系统安全防护设备各 1 套。功角测量装置、电厂竞价辅助决策系统、发电负荷考核系统各 1 套	同左，已有系统按扩容考虑
3. 通信	配置 2 套 SDH 622Mbit/s 光端机、96 门调度程控交换机 1 台。−48V 高频开关电源 2 套，500AH 蓄电池 2 组。至调度端 PCM2 对。通信机房动力环境监视纳入电厂网控系统统一考虑。载波通道 2 路（根据工程实际需要配置）	同左，已有系统按扩容考虑
八、热工控制系统		
1. 分散控制系统（DCS）	包括 DAS、MCS、SCS、FSSS 等 4 个功能子系统（包括电气控制纳入 DCS，不包括大屏幕），2 套	同左
2. 汽轮机控制系统（DEH）	高压抗燃油伺服系统，纯电液数字调节方式，2 套	同左

系统项目	2×660MW+2×660MW	
名称	新建	扩建
3. 汽轮机危急遮断系统（ETS）	采用 PLC 或 DCS 实现保护功能，2 套	同左
4. 汽轮机安全监测仪表（TSI）	含汽轮机转速、发电机轴承振动、轴向位移、差胀、缸胀、偏心、键相等功能，2 套	同左
5. 汽轮机振动分析和故障诊断系统（TDM）	含工控机、分析软件、专家诊断软件等，2 机组合配 1 套人机界面	同左
6. 吹灰程控及烟温探针系统	包括吹灰程控软硬件设备及动力柜和烟温探针就地仪控设备，2 套	同左
7. 除灰、除渣仪表与控制系统	采用 PLC 程控(包括系统软件、应用软件、硬件系统、机柜、人机界面)及就地压力、温度、流量、物位仪表和电磁阀箱、配电箱等，1 套	同左
8. 化学补给水仪表与控制系统	采用 PLC 程控(包括系统软件、应用软件、硬件系统、机柜、人机界面)及就地压力、温度、流量、分析仪表和电磁阀箱等，1 套	按工艺扩容情况增加相应仪表控制设备

系统项目	2×660MW+2×660MW	
名　称	新　　　建	扩建
9. 凝结水精处理仪表与控制系统	采用PLC程控装置（包括系统软件、应用软件、硬件系统、机柜、人机界面）及就地压力、温度、流量、分析仪表和电磁阀箱等，1套	同左
10. 燃油泵房仪表与控制系统	采用PLC程控装置，包括压力、流量、液位、温度等仪表和配电箱等，1套	
11. 启动锅炉房仪表与控制系统	包括压力、流量、温度等仪表、执行机构及控制系统，1套	
12. 废水处理仪表与控制系统	采用PLC程控(包括系统软件、应用软件、硬件系统、机柜、人机界面）及就地压力、温度、流量、分析仪表和电磁阀箱等，1套	按工艺扩容情况增加相应仪表控制设备
13. 空调仪表与控制系统	采用独立的控制系统，包括就地压力、温度、流量等仪表和执行机构，1套	同左
14. 全厂工业闭路电视系统	数字式系统，包括云台、传输光（线）缆、视频服务器、交换机、监视器等。监测点（摄像头）170点，1套	根据监测范围调整监测点数

系统项目	2×660MW+2×660MW	
名称	新　　　建	扩建
15. 全厂火灾探测报警系统	重要感温、感烟传感器进口，包括预制电缆，1套	同左
16. 辅助系统集中控制网络	包括上位机、网络、接口、软件、预制电缆等，1～3套	控制网络扩容
17. 厂级自动化系统	厂级监控信息系统和管理信息系统	当电厂尚无此系统时按新建处理
九、脱硫装置系统		
1. 工艺描述	石灰石–石膏湿法烟气脱硫工艺（1炉1塔），含硫量1.3%，脱硫效率98.6%，吸收塔除尘效率50%，不含GGH，10台循环泵，4台氧化风机。烟气系统接口范围：从引风机出口接出经脱硫装置脱硫后接至烟囱入口。工艺水系统接口范围：从电厂循环水和电厂工业水接至脱硫岛外1m。压缩空气系统：空压机开始至脱硫岛外1m	同左
2. 石灰石制备系统	粒径不大于20mm的石灰石块进厂，脱硫岛内设湿磨制浆车间，2台100%出力的湿式球磨机。范围：从自卸料口将石灰石块卸至地下料斗开始，至石灰石浆液泵出口为止	同左

系统项目	2×660MW+2×660MW	
名称	新　　建	扩建
3. 石膏脱水系统	一级浆液旋流器和二级皮带脱水机石膏脱水系统，2套石膏浆液旋流器，2台真空皮带脱水机，脱水后石膏储存于石膏储存间。范围：从吸收塔浆液排出泵出口开始至副产品石膏堆放于石膏库房内为止	同左
4. 电气系统	脱硫负荷由高压厂用工作母线引接，每台炉设低压脱硫变压器2台，互为备用，交流事故保安负荷由机组保安电源统一供给，单独设1套交流不停电电源（UPS）	同左
5. 热控系统	主控制系统采用 2 套 FGD-DCS，脱硫闭路电视监视系统 1 套，火灾探测与报警系统 1 套，每台机组烟气连续监测装置（烟气进、出口）2套，脱硫 pH 计、物位仪、电磁流量仪、浆液分析仪、电动/气动执行机构、变送器、测量元件等就地仪表2套	同左
6. 电气控制综合楼	钢筋混凝土框架	同左
7. 烟道支架	钢结构	同左

系统项目	2×660MW+2×660MW	
名 称	新 建	扩建
十、脱硝装置系统		
1. 尿素储存及热解制氨气系统	尿素法：袋装尿素采用人工卸车并储存在尿素储仓内，散装颗粒尿素利用槽车上的车载风机卸入尿素储仓；固体尿素经溶解后储存在尿素溶液储存罐内，尿素溶液经热解器反应后生成氨气	同左
2. SCR反应系统	烟气在锅炉省煤器出口处被平均分为两路，每路烟气并行进入一个垂直布置的SCR反应器，即每台锅炉配有二个反应器，烟气经过均流器后进入催化剂层，然后烟气进入空预器、电除尘器、引风机和脱硫装置后，排入烟囱；烟气在进入催化剂前设有氨注入的系统，烟气与氨气充分混合后进入催化剂反应，脱去NO_x；SCR反应器入口NO_x浓度标准状态下按$260mg/m^3$设计，脱硝效率大于或等于89%	
	催化剂层数3+1，初装3层，催化剂采用蜂窝式	
	脱硝系统不设置烟气旁路和省煤器高温旁路系统	

系统项目	2×660MW+2×660MW	
名称	新　建	扩建
2. SCR反应系统	脱硝装置支撑在炉后除尘器前的支架上，由锅炉厂设计、供货，脱硝装置平台、扶梯与锅炉平台连接	
3. 土建	包括脱硝反应器构架基础、构筑物、配电间、室外给（排）水、消防系统及综合管架	
十一、附属生产工程		
1. 启动锅炉	燃油，35t/h，1.27MPa，350℃，2台	
2. 启动锅炉房	钢筋混凝土框（排）架	
3. 材料库	2500m²	
4. 综合检修间	2500m²	
5. 生产附属及公共福利工程	办公楼2400m²，食堂500m²，浴室200m²，招待所600m²，夜班宿舍900m²，检修公寓1400m²	

系统项目	2×660MW+2×660MW	
名称	新　　建	扩建
6. 厂区及施工区土石方	100万m³	50万m³
十二、交通运输工程		
1. 铁路	I级工企铁路标准，厂外12km（含接轨站改造），厂内4.5km	厂内加2.7km
2. 公路	三级厂矿道路标准，厂外2km，路面宽7m，路基宽8.5m	
十三、地基处理	主厂房、烟囱、锅炉、汽轮机基础等采用ϕ600PHC桩，桩长46m，约2200根，集控楼、电除尘、送风机支架、引风机支架、烟道支架和输煤转运站等采用PHC桩，辅助附属建筑物采用复合地基	
十四、灰场	山谷干灰场，占地33hm²，满足堆灰3年。坝体工程量约3万m³，初期考虑排水及部分面积防渗。设灰场管理站	事故备用灰场，满足堆灰1年，不设灰场管理站

（十）2×660MW 机组调整模块表

序号	模块名称	技 术 条 件	造价合计
一	热力系统		
	1. 炉型		
	热机范围	包括锅炉本体、风机、除尘装置、制粉系统、烟风煤管道、锅炉其他辅机、高压汽水管道和相关保温(包括锅炉本体保温含砌筑、烟风煤管道保温、电除尘保温、高压汽水管道保温,不包括汽轮发电机组本体保温和中低压汽水管道保温)	
		其中:建筑工程费 15 282 万元,设备购置费 70 211 万元,安装工程费 37 740 万元,材差-5290 万元	117 943
	A. 超超临界烟煤	汽机纵向,机头朝向固定端,主厂房钢筋混凝土结构,单框架前煤仓布置,汽机房跨度 33m,汽机房长度 151.5m,A 排到烟囱中心线 232.5m,除氧器布置于煤仓间屋面;煤仓间跨度 13m(柱中心线间距),炉前通道 7.5m,汽机运转层标高 15.5m。主厂房钢筋混凝土结构,汽机房厂房体积 179 871m^3,煤仓间体积 126 614m^3,炉前封闭体积 127 88m^3,锅炉运转层以下封闭体积 90 368m^3。主厂房体积 409 642m^3	

序号	模块名称	技 术 条 件	造价合计
一	A. 超超临界烟煤	超超临界，2040t/h（钢炉架，同步脱硝），全钢构架、全悬吊结构Ⅱ型	
		中速磨煤机：ZGM113N型，12台	
		送风机：动叶可调轴流式 $Q= 802\,116m^3/h$，4台	
		引风机：动叶可调轴流式，$2\,050\,524m^3/h$，4台	
		一次风机：动叶可调轴流式 $Q= 353\,800m^3/h$，4台	
		双室五电场静电除尘器，$\eta\geqslant 99.8\%$，4台	
		烟风煤管道重量3695t	
		主汽管道（P92），再热热段（P92），再热冷段（A691Gr1-1/4CrCL22），主给水管道（15NiCuMoNb5-6-4），总重1711t	
	B. 超临界无烟煤	其中：建筑工程费 19 649 万元，设备购置费 73 094 万元，安装工程费 34 107 万元，材差 −3939 万元	122 911

序号	模块名称	技　术　条　件	造价合计
一	B. 超临界无烟煤	汽机纵向，机头朝向扩建端，汽机房跨度30.6m，除氧间跨距9m，煤仓间跨度13m（柱中心线间距），炉前跨度9m，厂房为不等柱距10、12m，厂房总长度177.5m，C排至烟囱距离167.8m，运转层标高13.7m，主厂房钢筋混凝土结构，汽机房厂房体积184 401m³、除氧间体积57 589m³、煤仓间体积114 972m³、炉前封闭体积11 837m³；锅炉运转层以下封闭体积92 094m³。主厂房体积460 893m³	
		锅炉，W火焰炉，2140t/h，2台，超临界，无烟煤炉，全钢构架、全悬吊结构Ⅱ型	
		双进双出钢球磨煤机：BBD4062型，12台	
		送风机：动叶可调轴流式Q=256m³/s，4台	
		引风机：静叶可调轴流式Q=504m³/s，4台	
		一次风机：动叶可调轴流式Q=95m³/s，4台	

序号	模块名称	技 术 条 件	造价合计
	B. 超临界无烟煤	双室五电场静电除尘器, 4 台	
		烟风煤管道重量 3695t	
		主汽管道（P91）、再热热段（P91）、再热冷段（A672B70 CL32）、主给水管道（15NiCuMo Nb5-6-4），总重 1657t	
一		其中：建筑工程费 24 259 万元，设备购置费 70 316 万元，安装工程费 35 229 万元，材差 −3952 万元	125 852
	C. 超临界褐煤	主厂房采用三列式布置，汽机房–除氧（皮带）间–锅炉房，煤仓间布置在锅炉两侧；汽机纵向，机头朝向固定端，汽机房跨度 27m，除氧（皮带）间跨距 9m，煤仓间跨度 14m，柱距 10m，厂房总长度 191.8m，汽机房运转层标高 13.7m。锅炉房运转层标高 18m，主厂房钢筋混凝土结构，汽机房厂房体积 189 140m³、除氧间体积 131 111m³、煤仓间体积 162 690m³、炉前封闭体积 24 318m³；锅炉运转层以下封闭体积 103 680m³	

序号	模块名称	技　术　条　件	造价合计
一	C. 超临界褐煤	锅炉，2140t/h，2台，超临界，褐煤炉，全钢构架、全悬吊结构Ⅱ型	
		中速磨煤机：HP1103型，16台	
		送风机：动叶可调轴流式 $Q= 772\,812m^3/h$，4台	
		引风机：静叶可调轴流式 $Q=2\,597\,580m^3/h$，4台	
		一次风机：动叶可调轴流式 $Q= 695\,808m^3/h$，4台	
		双室五电场，4台	
		烟风煤管道重量3953t	
		主汽管道（P91）、再热热段（P91）、再热冷段（A672B70CL32）、主给水管道（15NiCuMoNb5-6-4），总重1657t	
	D. 超临界烟煤	其中：建筑工程费15 253万元，设备购置费59 933万元，安装工程费33 123万元，材差−3939万元	104 370

序号	模块名称	技 术 条 件	造价合计
一	D. 超临界烟煤	汽机纵向，机头朝向固定端，主厂房钢筋混凝土结构，单框架前煤仓布置，汽机房跨度33m，汽机房长度151.5m，A排到烟囱中心线232.5m，除氧器布置于煤仓间屋面;煤仓间跨度13m（柱中心线间距），炉前通道7.5m，汽机运转层标高15.5m。主厂房钢筋混凝土结构，汽机房厂房体积179 871m^3，煤仓间体积 12 6614m^3，炉前封闭体积12 788m^3，锅炉运转层以下封闭体积 90 368m^3。主厂房体积409 642m^3	
		锅炉，2140t/h，2 台，超临界，烟煤炉，全钢构架、全悬吊结构Ⅱ型	
		中速磨煤机：ZGM113N 型，12 台	
		送风机：动叶可调轴流，式，Q= 802 116m^3/h，4 台	
		引风机：静叶可调轴流式，Q=1 736 000m^3/h，4 台	
		一次风机：动叶可调轴流式，Q= 353 800m^3/h，4 台	

序号	模块名称	技 术 条 件	造价合计
	D. 超临界烟煤	双室五电场，4台	
		烟风煤管道质量3695t	
		主汽管道（P91）、再热热段（P91）、再热冷段（A672B70 CL32）、主给水管道（15NiCuMo Nb5-6-4），总重1657t	
一	E. 提高参数的超超临界烟煤	其中：建筑工程费15 282万元，设备购置费72 623万元，安装工程费44 602万元，材差−7340万元	125 167
		汽机纵向，机头朝向固定端，主厂房钢筋混凝土结构,单框架前煤仓布置，汽机房跨度33m，汽机房长度151.5m，A排到烟囱中心线232.5m，除氧器布置于煤仓间屋面;煤仓间跨度13m（柱中心线间距），炉前通道7.5m，汽机运转层标高15.5m。主厂房钢筋混凝土结构,汽机房厂房体积179 871m³，煤仓间体积126 614m³，炉前封闭体积12 788m³，锅炉运转层以下封闭体积90 368m³。主厂房体积409 642m³	

序号	模块名称	技 术 条 件	造价合计
一	E. 提高参数的超超临界烟煤	锅炉，2 台，高效超超临界，28MPa，全钢构架、全悬吊结构Ⅱ型	
		中速磨煤机：MPS225G 型，47t/h，650kW，12 台	
		送风机：动叶可调轴流式，Q=153m³/s，4380Pa，1600kW，4 台	
		引风机：动叶可调轴流式，2 050 524m³/h，4 台	
		一次风机：动叶可调轴流式，Q=99m³/s，17 735Pa，3100kW，4 台	
		双室五电场静电除尘器，$\eta \geqslant$ 99.8%，2 台	
		烟风煤管道重量 3695t	
		主汽管道（P92）、再热热段（P92）、再热冷段（A672B70 CL32）、主给水管道（15NiCuMo Nb5-6-4），总重 2084t	
	F. 超超临界二次再热烟煤	其中：建筑工程费 16 098 万元，设备购置费 91 517 万元，安装工程费 49 843 万元，材差 −8858 万元	148 600

序号	模块名称	技　术　条　件	造价合计
一	F. 超超临界二次再热烟煤	汽机纵向，机头朝向固定端，主厂房钢筋混凝土结构，单框架前煤仓布置，汽机房跨度 36m，汽机房长度 151.5m，A 排到烟囱中心线 232.5m，除氧器布置于煤仓间屋面；煤仓间跨度 13m（柱中心线间距），炉前通道 7.5m，汽机运转层标高 15.5m。主厂房钢筋混凝土结构，汽机房厂房体积 191 871m³，煤仓间体积 126 614m³，炉前封闭体积 12 788m³，锅炉运转层以下封闭体积 90 368m³。主厂房体积 421 642m³	
		锅炉，2 台，超超临界二次再热，31MPa，全钢构架、全悬吊结构Ⅱ型	
		中速磨煤机：MPS225G 型，47t/h，650kW，12 台	
		送风机：动叶可调轴流式，Q=153m³/s，4380Pa，1600kW，4 台	
		引风机：动叶可调轴流式，2 050 524m³/h，4 台	

序号	模块名称	技 术 条 件	造价合计
一	F. 超超临界二次再热烟煤	一次风机：动叶可调轴流式，Q=99m³/s，17 735Pa，3100kW，4 台	
		双室五电场静电除尘器，$\eta \geqslant$ 99.8%，2 台	
		烟风煤管道重量 3695t	
		主汽管道（P92）、再热热段（P92）、再热冷段（A672B70 CL32）、主给水管道（15NiCuMo Nb5-6-4），总重 2467t	
	2. 机型		
	热机范围	汽轮发电机本体、汽轮发电机辅助设备、旁路系统、除氧给水系统、汽轮机其他辅机、排汽装置（如果有）、中低压汽水管道（不含主厂房内循环水管道）和相关保温（包括汽轮发电机组本体保温和中低压汽水管道保温，不包括高压管道）	
	A. 超超临界纯凝机组	其中：建筑工程费 0 万元，设备购置费 49 266 万元，安装工程费 6265 万元，材差−35 万元	55 496

序号	模块名称	技 术 条 件	造价合计
一	A. 超超临界纯凝机组	汽机型号：N660-25/600/600型，2台	
		2×50%汽动给水泵+1×30%启动/备用电动给水泵	
		凝结水泵：2×100%	
		8级回热系统	
		机械真空泵：3×50%容量	
	B. 超超临界空冷机组	其中：建筑工程费0万元，设备购置费45 452万元，安装工程费5573万元，材差−33万元	50 992
		汽轮机型号：N660-25/600/600型，2台	
		3×35%电动给水泵	
		凝结水泵：2×100%	
		7级回热系统	
		机械真空泵：117kg/h，3台	
	C. 超临界纯凝机组	其中：建筑工程费0万元，设备购置费44 755万元，安装工程费6259万元，材差−35万元	50 979
		汽轮机型号：N660-24.2/566/566型，2台	

序号	模块名称	技 术 条 件	造价合计
一	C. 超临界纯凝机组	2×50%汽动给水泵+1×30%启动/备用电动给水泵	
		凝结水泵：2×100%	
		8级回热系统	
		机械真空泵：3×50%容量	
	D. 提高参数的超超临界纯凝机组	其中：建筑工程费 0 万元，设备购置费 50 271 万元，安装工程费 6260 万元，材差–35 万元	56 496
		汽轮机型号：N660-28/600/620 型，2 台	
		2×50%汽动给水泵+1×30%启动/备用电动给水泵	
		凝结水泵：2×100%	
		8级回热系统	
		机械真空泵：3×50%容量	
	E. 超超临界二次再热纯凝机组	其中：建筑工程费 0 万元，设备购置费 66 043 万元，安装工程费 6265 万元，材差–35 万元	72 273
		汽轮机型号：N660-31/600/620 型，2 台	

序号	模块名称	技 术 条 件	造价合计
一	E. 超超临界二次再热纯凝机组	2×50%汽动给水泵+1×30%启动/备用电动给水泵	
		凝结水泵：2×100%	
		8级回热系统	
		机械真空泵：3×50%容量	
	3. 锅炉封闭情况		
	A. 紧身封闭	金属保温墙板。自然进风，屋顶通风器排风	1472
	B. 露天		0
	4. 锅炉真空清扫系统		
	A. 一台真空清扫车	55.125kW（75HP），风量3000m³/h，真空度51kPa，两台炉各平台的吸尘管道以及煤仓间的吸尘管道	233
	B. 2台固定式真空吸尘装置	55.125kW（75HP），风量2750m³/h，真空度61kPa，灰斗容量3m³，两台炉各平台的吸尘管道以及煤仓间的吸尘管道	194
	5. 主厂房结构		
	A.钢筋混凝土结构	其中：建筑工程费3760万元，设备购置费0万元，安装工程费0万元，材差421万元	4181

序号	模块名称	技 术 条 件	造价合计
一	B. 钢结构	其中：建筑工程费 7101 万元，设备购置费 0 万元，安装工程费 0 万元，材差 1055 万元	8156
	6. 烟囱		
	A. 钢筋混凝土外筒钛钢复合板双内筒烟囱	其中：建筑工程费 5333 万元，设备购置费 0 万元，安装工程费 0 万元，材差 238 万元	5571
		210m/2ϕ7.5m	
		钢筋混凝土基础 3800m^3，钢筋混凝土结构外筒壁 6700m^3，钛钢复合内筒 1050t	
		对应于脱硫系统不设 GGH 装置机组	
	B. 钢筋混凝土外筒、耐硫酸露点腐蚀钢板双内筒套筒式结构烟囱，内筒内喷涂烟囱专用防腐涂料	其中：建筑工程费 4756 万元，设备购置费 0 万元，安装工程费 0 万元，材差 241 万元	4997
		210m/2ϕ7.5m	
		钢筋混凝土基础 3800m^3，钢筋混凝土结构外筒壁 6700m^3，Q235 钢内筒 1050t，内壁防腐涂料 11 500m^2	
		对应于脱硫系统不设 GGH 装置机组	

序号	模块名称	技 术 条 件	造价合计
一	C. 钢筋混凝土外筒、耐硫酸露点腐蚀钢板双内筒套筒式结构烟囱，内筒内粘贴硼硅泡沫玻璃砖	其中：建筑工程费 4936 万元，设备购置费 0 万元，安装工程费 0 万元，材差 241 万元	5177
		210m/2ϕ7.5m	
		钢筋混凝土基础 3800m^3，钢筋混凝土结构外筒壁 6700m^3，Q235 钢内筒 1050t，内筒内贴硼硅泡沫玻璃砖 11 500m^2	
		对应于脱硫系统不设 GGH 装置机组	
	D. 钢筋混凝土外筒、玻璃钢双内筒套筒式结构烟囱	其中：建筑工程费 5050 万元，设备购置费 0 万元，安装工程费 0 万元，材差 246 万元	5296
		210m/2ϕ7.5m	
		钢筋混凝土基础 3800m^3，钢筋混凝土结构外筒壁 6700m^3，20mm 厚玻璃钢内筒 11 500m^2	
		对应于脱硫系统不设 GGH 装置机组	
	E. 钢筋混凝土外筒、密实型整体浇筑料双内筒套筒式结构烟囱	其中：建筑工程费 3228 万元，设备购置费 0 万元，安装工程费 0 万元，材差 253 万元	3481
		210m/2ϕ7.5m	

序号	模块名称	技 术 条 件	造价合计
一	E. 钢筋混凝土外筒、密实型整体浇筑料双内筒套筒式结构烟囱	钢筋混凝土基础 3800m³，钢筋混凝土结构外筒壁 6700m³，200mm 厚密实型整体浇筑料 11 500m²	
		对应于脱硫系统不设 GGH 装置机组	
	F. 钢筋混凝土双筒耐酸砖套筒烟囱	其中：建筑工程费 2951 元，设备购置费 0 万元，安装工程费 0 万元，材差 261 万元	3212
		210m/2ϕ7.5m	
		钢筋混凝土基础 3800m³，钢筋混凝土结构外筒壁 6700m³，内筒为耐酸胶泥砌筑耐酸砖 2276m³	
		对应于脱硫系统不设 GGH 装置机组	
	7. 主厂房框架		
	A. 单框架	其中：建筑工程费 6564 万元，设备购置费 0 万元，安装工程费 6103 万元，材差–40 万元	12 627
		单框架汽机房模块	

序号	模块名称	技 术 条 件	造价合计
一	A. 单框架	汽机纵向，机头朝向固定端，主厂房单框架侧煤仓布置，钢筋混凝土结构，汽机房跨度33m，汽机房长度151.5m，汽机运转层标高15.5m。汽机房厂房体积179 871m³	
		其中：建筑工程费9351万元，设备购置费0万元，安装工程费6103万元，材差−40万元	15 414
	B. 双框架	双框架汽机房除氧间模块（注：除氧间与煤仓间之间的土建结构部分全部计入模块）	
		汽机纵向，机头朝向固定端，主厂房钢筋混凝土结构，汽机房跨度30.6m，除氧间跨度9m，柱距10m，厂房长171.5m，汽机运转层标高13.7m。主厂房钢筋混凝土结构，汽机房厂房体积181 079m³，除氧间体积49 999m³	
	8. 主厂房布置		
	A. 前煤仓	其中：建筑工程费15 695万元，设备购置费6738万元，安装工程费31 472万元，材差−5313万元	48 592

序号	模块名称	技 术 条 件	造价合计
一	A. 前煤仓	包括发电机引出线、主控制室、单元控制室、直流系统、主厂房厂用电、事故保安电源装置、不停电电源装置、主厂房内电力电缆及控制电缆	
		汽机纵向,机头朝向固定端,主厂房钢筋混凝土结构,单框架前煤仓布置,汽机房跨度 33m,汽机房长度 151.5m,A 排到烟囱中心线 232.5m,除氧器布置于煤仓间屋面;煤仓间跨度 13m(柱中心线间距),炉前通道 7.5m,汽机运转层标高 15.5m。主厂房钢筋混凝土结构,汽机房厂房体积 179 871m^3,煤仓间体积 126 614m^3,炉前封闭体积 12 788m^3,锅炉运转层以下封闭体积 90 368m^3。主厂房体积 409 642m^3	
		主汽管道(P92)、再热热段(P92)、再热冷段(A691Gr1-1/4CrCL22)、主给水管道(15NiCuMoNb5-6-4),总重 1711t	
		煤仓层皮带 B=1400mm,171.5m	
		热工控制系统	

序号	模块名称	技 术 条 件	造价合计
一	B. 侧煤仓	其中：建筑工程费 15 139 万元，设备购置费 6735 万元，安装工程费 29 688 万元，材差-4821 万元	46 741
		包括发电机引出线、主控制室、单元控制室、直流系统、主厂房厂用电、事故保安电源装置、不停电电源装置、主厂房内电力电缆及控制电缆	
		汽机纵向，机头朝向固定端。主厂房布置采用单框架侧煤仓形式，按汽机房、锅炉房顺序排列，煤仓间布置于两炉之间。汽机房厂 165.5m，跨度 32m，柱距 10m，运转层标高 13.7m，煤仓间在两炉之间（40. m×66m），主厂房钢筋混凝土结构，汽机房体积 169 374m³，煤仓间体积 134 660m³，炉前通道体积 2014m³。锅炉运转层以下封闭体积 100 259m³。主厂房体积 406 367m³	
		主汽管道（P92）、再热热段（P92）、再热冷段（A691Gr1-1/4CrCL22）、主给水管道（15NiCuMoNb5-6-4），总重 1663t	

序号	模块名称	技 术 条 件	造价合计
一	B. 侧煤仓	煤仓层皮带 B=1400mm，171.5m	
		热工控制系统	
二	燃料供应系统		
	厂内输煤	各模块的设计范围从卸煤点受卸设施起至主厂房原煤仓（不含原煤仓，含原煤仓料位信号）配煤点止，包括全部的工艺设备（含暖通、水工）、建（构）筑物（煤仓间和煤仓间端部转运站除外）和辅助生产设施。电控设备、煤泥沉淀池、煤水净化系统、输煤综合楼、推煤机库进入基本技术方案，不进入模块	
	A. 全部铁路敞车运煤进厂	其中：建筑工程费9785万元，设备购置费7883万元，安装工程费854万元，材差0元	18 522
		不含铁路配线（由主体设计院总图专业考虑）	
		单车翻车机及调车系统2套，2重2空1走行（二期2×600MW机组增设1套翻车机，1重1空1走行）；带式给煤机 Q=350～860t/h，4台；动态轨道衡1台，火车取样机2台	

序号	模块名称	技 术 条 件	造价合计
二	A. 全部铁路敞车运煤进厂	条形封闭煤场，煤场容量2×660MW 机组 10 天耗煤量。斗轮堆取料机 1500/1500t/h，臂长 35m，折返式，2 台。推煤机 3 台，装载机 2 台(二期煤场延长)	
		运煤胶带机 B=1400mm，v=2.5m/s，Q=1500t/h，双路；胶带机总长 L=2300m	
		滚轴筛 Q=1500t/h，2 台；环式碎煤机 Q=1000t/h，2 台	
	B. 全部铁路底开车运煤进厂	其中：建筑工程费 11 357 万元，设备购置费 9089 万元，安装工程费 742 万元，材差 0 元	21 188
		与 A 模块的差别在于卸煤设施，不含铁路配线(由主体设计院总图专业考虑)	
		双线 10 车位底开车卸煤沟，有效长 185m。底开车 100 辆(卸煤沟二期不再扩建)；叶轮给煤机 Q=350～1000t/h，4 台；动态轨道衡 1 台，火车取样机 1 台	
		条形封闭煤场容量 2×600MW 机组 10 天耗煤量。斗轮堆取料机 1500/1500t/h，臂长 35m，折返式，2 台。推煤机 2 台，装载机 1 台(二期煤场延长)	

序号	模块名称	技 术 条 件	造价合计
二	B. 全部铁路底开车运煤进厂	运煤胶带机 B=1400mm，v=2.5m/s，Q=1500t/h，双路；胶带机总长 L=2350m	
		滚轴筛 Q=1500t/h，2 台；环式碎煤机 Q=1000t/h，2 台	
	C. 全部汽车运煤进厂	其中：建筑工程费 10 511 万元，设备购置费 5907 万元，安装工程费 763 万元，材差 0 元	17 181
		一期全部汽车运煤进厂，二期应考虑其他方式运煤进厂的可能性。与 A 模块的差别在于卸煤设施不含厂内外运煤道路（由主体设计院总图专业考虑）	
		20 车位汽车卸煤沟，有效长 120m	
		叶轮给煤机 Q=350～1000t/h，4 台	
		50t 汽车衡 7 台，汽车取制样机 4 台	
		条形封闭煤场容量 2×660MW 机组 10 天耗煤量。斗轮堆取料机 1500/1500t/h，臂长 35m，折返式，2 台。推煤机 2 台，装载机 1 台	

序号	模块名称	技 术 条 件	造价合计
二	C．全部汽车运煤进厂	运煤胶带机 B=1400mm，v=2.5m/s，Q=1500t/h，双路；胶带机总长 L=2300m；滚轴筛 Q=1500t/h，2 台；环式碎煤机 Q=1000t/h，2 台	
	D．全部海运来煤，3.5 万 t 级或 5 万 t 级泊位码头	其中：建筑工程费 6528 万元，设备购置费 17 391 万元，安装工程费 1470 万元，材差 0 万元	25 389
		与 A 模块的差别在于卸煤设施、煤场容量、斗轮机形式、卸煤系统的出力	
		桥式抓斗卸船机 Q=1500t/h，2 台	
		清仓机 5 台	
		胶带机中部取样机 B=1800mm，1 台	
		煤场容量 2×600MW 机组 20 天耗煤量。斗轮堆取料机 3600/1500t/h，臂长 35m，通过式，2 台；推煤机 3 台，装载机 2 台（二期 2×600MW 机组增设 1 台斗轮机）	

序号	模块名称	技 术 条 件	造价合计
二	D. 全部海运来煤，3.5万t级或5万t级泊位码头	卸煤胶带机 B=1800mm，v=3.5m/s，Q=3600t/h，单路，码头和引桥胶带机露天布置;胶带机总长 L=1700m（此长度包括码头及引桥胶带机）	
		上煤胶带机 B=1400mm，v=2.5m/s，Q=1500t/h，双路，胶带机总长 L=1200m	
		滚轴筛 Q=1500t/h，2台；环式碎煤机 Q=1000t/h，2台	
三	除灰系统		
	1. 厂内除灰		
		其中:建筑工程费1282万元，设备购置费1383万元，安装工程费759万元，材差0万元	3424
	A. 干灰集中至灰库	正压气力除灰系统(灰斗法兰至灰库顶部设备、除灰控制系统)，单台炉气力除灰系统出力110t/h，输送距离500m，双室四电场电除尘器	
		输送空压机，43m³/min，6台	
		灰库 D=15m，V（有效）=3000m³，3座	

序号	模块名称	技 术 条 件	造价合计
三	A. 干灰集中至灰库	气力除灰管道, 6 根 DN250, 4 根 DN150	
		湿式搅拌机 200t/h, 6 台	
		干灰散装机 100t/h, 3 台	
	B. 干灰集中至灰库, 高浓度水力输送	其中:建筑工程费 1158 万元, 设备购置费 2084 万元, 安装工程费 942 万元, 材差 0 万元	4184
		正压气力除灰系统(灰斗法兰至灰库顶部设备、除灰控制系统), 单台炉气力除灰系统出力 110t/h, 输送距离 500m, 双室四电场电除尘器	
		输送空压机, 43m³/min, 6 台	
		灰库 $D=12m$, V(有效)= 1800m³, 3 座	
		气力除灰管道, 6 根 DN250, 4 根 DN150	
		干灰制浆设备 80t/h, 6 台	
		干灰散装机 100t/h, 3 台	
		柱塞泵 $Q=130m³/h$, 8 台	
		喂料泵 $Q=130m³/h$, 8 台	
		厂内除灰管 3 根 DN250, 300m(泵房外 1m)	

序号	模块名称	技 术 条 件	造价合计
三		**2. 厂内除渣**	
	A. 风冷式排渣机，斗式提升机输送至渣仓，电瓶叉车运输石子煤	其中：建筑工程费 223 万元，设备购置费 1202 万元，安装工程费 80 万元，材差 0 万元	1505
		风冷式排渣机+斗式提升机输送系统（含控制系统）	
		风冷式排渣机（含渣井、关断门），宽度 1400mm，连续出力 10t/h，最大出力 20t/h，排渣温度 150℃以下，2 台	
		碎渣机 30t/h，2 台	
		斗式提升机 30t/h，2 台	
		渣仓（露天）300m³，2 台	
		装车机 100t/h，4 台	
		电瓶叉车 2.5t，3 台	
	B. 风冷式排渣机，负压气力输送至渣仓，电瓶叉车运输石子煤	其中：建筑工程费 295 万元，设备购置费 1784 万元，安装工程费 151 万元，材差 0 万元	2230
		风冷式输渣机+负压气力输送系统（含控制系统）	
		风冷式排渣机（含渣井、关断门），宽度 1400mm，连续出力 10t/h，最大出力 20t/h，排渣温度 150℃以下，2 台	

序号	模块名称	技 术 条 件	造价合计
三	B. 风冷式排渣机，负压气力输送至渣仓，电瓶叉车运输石子煤	一级碎渣机 30t/h，2 台	
		缓冲仓 15m³，2 台	
		二级碎渣机 40t/h，2 台	
		负压气力集中系统(含渣仓顶部除尘器、真空释放阀等)，出力 25t/h，输送距离 170m，输送管道 4 根 DN300	
		负压风机 91m³/min，−49kPa，4 台	
		渣仓（露天）300m³，2 台	
		装车机 100t/h，4 台	
	C. 机械除渣直接至渣仓，电瓶叉车运输石子煤	其中：建筑工程费 69 万元，设备购置费 1146 万元，安装工程费 91 万元，材差 0 万元	1306
		刮板捞渣机直接至渣仓的除渣系统（含控制系统）	
		刮板捞渣机，长度 65m，出力 15～60t/h，2 台	
		渣仓（露天）200m³，4 台	
		高效浓缩机 φ10m，2 台	
		溢流水泵 180m³/h，4 台	
		回水泵 180m³/h，4 台	
		电瓶叉车 2.5t，3 台	

序号	模块名称	技 术 条 件	造价合计
三	D. 水力除渣至脱水仓，电瓶叉车运输石子煤	其中：建筑工程费187万元，设备购置费1366万元，安装工程费1251万元，材差0万元	2804
		刮板捞渣机+水力除渣至脱水仓的除渣系统（含控制系统）	
		刮板捞渣机，长度35m，出力15～60t/h，2台	
		碎渣机2台，60t/h	
		渣浆泵280m³/h，4台	
		回水泵260m³/h，4台	
		高效浓缩机ϕ12m，2台	
		脱水仓ϕ10m，4台	
		厂内输渣管（钢管）4根DN250，800m	
		电瓶叉车2.5t，3台	
	3. 厂外除灰		
	A. 车运灰渣	其中：建筑工程费829万元，设备购置费906万元，安装工程费0万元，材差0万元	1735
		运灰公路5km，三级标准，每1km设25m缓冲带（宽12m），全封闭，占地60亩；17t自卸汽车，20辆，2个车位检修车库150m²	

序号	模块名称	技 术 条 件	造价合计
三	B. 高浓度水力除灰、汽车运渣	其中：建筑工程费1270万元，设备购置费272万元，安装工程费3152万元，材差0万元	4693
		除灰管3根DN250，10km，灰水回水管1根ϕ325，10km；17t自卸汽车，6辆，检修车库150m^2	
四	水处理系统		
	1. 锅炉补给水处理系统		
	A. 有反渗透系统	其中：建筑工程费0万元，设备购置费1075万元，安装工程费1062万元，材差0万元	2137
		2×80t/h超滤、反渗透加2×（100～120t/h）一级除盐加混床系统（含酸碱系统、中和池及除盐水箱等）	
	B. 无反渗透系统	其中：建筑工程费0万元，设备购置费719万元，安装工程费694万元，材差0万元	1413
		过滤加一级除盐加混床系统，净出力为2×120t/h（含酸碱系统、中和池及除盐水箱等）	

序号	模块名称	技　术　条　件	造价合计
四	**2. 循环水稳定处理系统**		
	A. 加药处理	其中：建筑工程费 0 万元，设备购置费 75 万元，安装工程费 8 万元，材差 0 万元	83
		加酸加稳定处理	
	B. 弱酸处理	其中：建筑工程费 0 万元，设备购置费 804 万元，安装工程费 407 万元，材差 0 万元	1211
		过滤加双流弱酸离子交换器方案，处理水量 1600t/h	
	3. 凝结水精处理		
	A. 前置除铁过滤器加高速混床系统	其中：建筑工程费 0 万元，设备购置费 1158 万元，安装工程费 212 万元，材差 0 万元	1370
		2×50%前置除铁装置加 3×50%高速混床系统，2 机合用 1 套再生系统（含树脂、阀门、电气控制）。既可用于超临界湿冷机组,也可用于超临界空冷机组	
	B. 粉末树脂覆盖过滤器加高速混床系统	其中：建筑工程费 0 万元，设备购置费 1410 万元，安装工程费 152 万元，材差 0 万元	1562

序号	模块名称	技 术 条 件	造价合计
四	B. 粉末树脂覆盖过滤器加高速混床系统	3×50%粉末树脂覆盖过滤器加2×50%高速混床系统,2机合用1套再生系统。适用于空冷超临界机组(含树脂、阀门、电气控制)	
	C. 粉末树脂覆盖过滤系统	其中:建筑工程费0万元,设备购置费806万元,安装工程费160万元,材差0万元	966
		按3×50%的容量配置设备,一机一套铺膜系统,进口滤元、进口自动阀门及中压阀门(含一年树脂粉用量)。适用于亚临界空冷机组	
	4. 电厂循环水加氯系统		
	A. 电解食盐制氯	其中:建筑工程费0万元,设备购置费123万元,安装工程费11万元,材差0万元	134
		设备容量为2×10kg/h(含电气控制)	
	B. 电解海水制氯	其中:建筑工程费0万元,设备购置费584万元,安装工程费29万元,材差0万元	613

序号	模块名称	技 术 条 件	造价合计
	B. 电解海水制氯	设备容量为 2×90kg/h，设计界限：电解制氯间墙中心线外1m处（含工艺设备及管道、阀门,制氯间内的电气及控制设备等）	
四		5. 城市污水深度处理系统（中水处理）		
	A. 无中水处理		0
	B. 石灰凝聚、澄清、过滤处理（无除气装置，无曝气生物滤池）	其中:建筑工程费2905万元,设备购置费2266万元,安装工程费386万元,材差0万元	5557
		处理水量2500~3000t/h	
		设计界限:污水深度处理站界区中心线1m处,包括加消石灰、加凝聚剂、加氯、加硫酸pH调整系统,以及污泥浓缩池、脱水机,无除气装置及生物滤池。澄清池不封闭	
		处理后做循环水补充水及全厂工业用水、锅炉补给水水源	
		污水处理厂至电厂管道投资另计	

序号	模块名称	技 术 条 件	造价合计
四	C. 前置处理加微滤或超滤	其中：建筑工程费 510 万元，设备购置费 1611 万元，安装工程费 119 万元，材差 0 万元	2240
		处理水量：800t/h，过滤膜采用压力式微滤膜	
		处理后仍需软化或除盐才能做循环水补充水及全厂工业用水、锅炉补给水水源	
		污水处理厂至电厂管道投资另计	
	6. 海水淡化装置		
	A. 无		0
	B. 低温多效蒸发方案	其中：建筑工程费 987 万元，设备购置费 16 976 万元，安装工程费 366 万元，材差 0 万元	18 329
		按 20 000t/d 设计，不包括海水预处理，产水作为全厂工业用水、生活用水及锅炉补给水水源等。以黄骅电厂为依托工程	
	C. 反渗透方案	其中：建筑工程费 259 万元，设备购置费 8036 万元，安装工程费 182 万元，材差 0 万元	8477

序号	模块名称	技 术 条 件	造价合计
四	C. 反渗透方案	按 20 000t/d 设计，不包括海水预处理，产水作为全厂工业用水、锅炉补给水水源等。以玉环电厂为依托工程	
五	供水系统		
五	A. 二次循环：取用地表水	其中：建筑工程费 15 411 万元，设备购置费 1663 万元，安装工程费 9802 万元，材差 2111 万元	28 987
		扩大单元制，压力水管 2×DN3000，焊接钢管，管线总长 L=2000m	
		8500m^2 逆流式自然通风冷却塔 2 座，考虑防冻措施	
		循环水泵 4 台（立式斜流泵）；集中循环水泵房 1 座，进水间和泵房全封闭，下部结构 28m×24m×11m（长×宽×深），地上结构 15m×46m×18.4m（长×宽×高）	
		补充水管 2×DN800，焊接钢管，管道单线长度 L=15km	
		补给水泵 3 台，补给水泵房 1 座，下部结构 20.9m×19.0m×20.48m（长×宽×深）	

序号	模块名称	技 术 条 件	造价合计
五	B. 直流供水：河（湖）心取水①	其中：建筑工程费 12 802 万元，设备购置费 2124 万元，安装工程费 1043 万元，材差 885 万元	16 854
		取水头，8 根垂直立管	
		引水隧道，1×DN4800×1000m，盾构施工	
		循环水泵房 1 座，30.1m×33.4m×19m，沉井，循环水泵 4 台	
		压力水管，2×DN3000×1200m，预应力混凝土管	
		虹吸井 2 座，10m×36m×7m	
		双孔钢筋混凝土排水沟，2×3.5m×3.5m×1000m	
		排水连接井，15m×25m×16.5m，沉井	
		排水隧道 1×DN4850×250m，盾构施工	
		排水口，8 根垂直立管	
		海水直流系统时：淡水取水泵房一座，补给水泵 3 台，土建按 4 台一次建成。补给水管 2×DN450×15km	
		淡水直流系统时：处理容量 3×400m³/h，处理工艺同 A	

序号	模块名称	技　术　条　件	造价合计
五	C. 直流供水：河（湖）岸边敞开式取水②	其中：建筑工程费 13 424 万元，设备购置费 1732 万元，安装工程费 1715 万元，材差 930 万元	17 801
		港池直接取水。循环水泵 4 台（立式斜流泵）；循环水泵房下部结构 27.90m×39.25m×15m，地下连续墙施工	
		扩大单元制，压力水管，2×DN3000×1200m 预应力钢筒混凝土管	
		虹吸井 16m×12m×7.5m	
		双孔钢筋混凝土排水沟，2×3.5m×3.5m×1000m	
		排水连接井 11m×5m×7m	
		排水管道 2×DN3600×200m，顶管	
		敞开式排水口：陡槽、消力池、导流堤、海漫，消力池由 12.50m 渐扩至 46m，L=35m，海漫 L=48m	
		海水直流系统时：淡水取水泵房一座，补给水泵 3 台，土建按 4 台一次建成。补给水管 2×DN450×15km	

序号	模块名称	技 术 条 件	造价合计
五	D. 直冷电泵	其中:建筑工程费 9044 万元,设备购置费 20 797 万元,安装工程费 10 235 万元,材差 844 万元	40 920
		机械通风直接空冷,每机排汽主管管径为 2×φ6m,空冷凝汽器为单排管,每机空冷凝汽器面积 1 763 869m² (1 台机组翅片总面积)	
		每机设变频调速低噪声风机 56 台,直径 9.15m,额定功率 132kW	
		2 台机组空冷平台尺寸 184.8m×81.4m,平台高度 40m,(钢筋混凝土空心管柱、钢结构平台)	
		扩大单元制,压力钢管 2×DN900	
		辅机冷却水配 3×35%机力塔,尺寸 3×15m×15m	

序号	模块名称	技 术 条 件	造价合计
五	D. 直冷电泵	辅机循环水泵 3 台,辅机循环水泵房,24m×12m(地上高6.5m、地下深 3.8m)	
		地表水,2×DN500×15km 补给水管,升压泵房 1 座,补给水泵 3 台,土建按 4 台一次建成,14m×9m(地上高 6.5m、地下深 9.6m)	
		每台机组设 2 台 50/25/27MVA 三卷高压厂用变压器,2 台机组设 2 台同容量有载调压三卷高压厂用启动/备用变压器。每台机组设 400V 空冷 PC 4 段,由 6 台空冷低压变压器(4 台运行 2 台备用)供电。高压开关柜短路电流分断能力为 40kA。空冷风机采用变频调速。增加空冷系统 380V 低压电力电缆约 80km,控制电缆约 20km	
		每台机组增加:DCS 约 1600 点、计算机和控制电缆 40km、变送器 25 台、风速仪 5 台、风向仪 5 台、过程开关 10 个、热阻 60 只等工程量	

序号	模块名称	技 术 条 件	造价合计
五	D. 直冷电泵	空冷平台高40m,薄壁空心钢筋混凝土柱直径3.8m,空间钢桁架平台	
	E. 直冷汽泵	其中:建筑工程费14 447万元,设备购置费23 814万元,安装工程费10 481万元,材差1395万元	50 137
		机械通风直接空冷,每机排汽主管管径为2×ϕ6m,空冷凝汽器为单排管,每机空冷凝汽器面积1 763 869m^2（1台机组翅片总面积）	
		每机设变频调速低噪声风机56台,直径9.15m,额定功率132kW	
		2台机组空冷平台尺寸184.8m×81.4m,平台高度40m,（钢筋混凝土空心管柱、钢结构平台）	

序号	模块名称	技 术 条 件	造价合计
五	E. 直冷汽泵	扩大单元制, 压力钢管 2×DN900	
		辅机冷却水配 3×35%机力塔, 尺寸 3×15m×15m	
		辅机循环水泵 3 台, 辅机循环水泵房, 24m×12m (地上高 6.5m、地下深 3.8m)	
		汽动给水泵汽轮机冷却采用间接空气冷却, 配间冷循环水泵三台	
		给水泵汽轮机间接冷却塔散热面积 54 万 m², 塔直径 100m, 高度 143m	
		地表水, 2×DN500×15km 补给水管, 升压泵房 1 座, 补给水泵 4 台, 土建按 4 台一次建成, 14m×9m (地上高 6.5m、地下深 9.6m)	
		空冷平台高 40m, 薄壁空心钢筋混凝土柱直径 3.8m, 空间钢桁架平台	
	F. 间接空冷	其中: 建筑工程费 20 654 万元, 设备购置费 17 405 万元, 安装工程费 9284 万元, 材差 2610 万元	49 953

序号	模块名称	技 术 条 件	造价合计
五	F. 间接空冷	表凝式	
		间接空冷冷却塔从结构形式上分为三部分，基础部分、进风口支撑部分、通风部分，均为现浇钢筋混凝土结构；塔高172m；进风口直径132m；散热器面积184.5万 m^2	
		其中基础部分包括：环基、X支柱支墩、冷却设备平台基础支撑墙、冷却设备平台基础；进风口支撑部分采用 X 支柱支撑；通风部分为双曲线型薄壳塔筒结构	
		每台空冷汽轮机配置一座空冷塔，被加热后的冷却水通过3台循环水泵经 DN3000 的循环水管送入空冷塔的散热器中，冷却后的水通过 DN3000 的循环水管返回凝汽器	
		空冷散热器采用引进制造技术生产的椭圆翅片管，双流程布置形式，管束长15m，宽3.0m，每座空冷塔内布置散热器冷却三角数292个	

序号	模块名称	技 术 条 件	造价合计
五	F. 间接空冷	空冷塔内冷却三角共分 12 个冷却段，可分段运行，每一段均设有独立的进排水阀门和放空阀	
		塔内设置两个高位膨胀水箱，设置容积为 1300m³ 的地下储水箱两个，与空冷散热器的放空管道连接	
		主机循环冷却水系统 2 台机组配 6 台循环水泵和一座循环水泵房。厂区内循环水管道 DN3040，2.45km	
		辅机冷却水 2 台机组配 3 格机力塔和 1 座辅机循环水泵房，机力塔性能参数：3×3000m³/h，尺寸 3×15.8m×15.8m，泵房尺寸 36m×9m	
		厂区内补给水管道 φ273，1km	
		补给水系统同模块 D	
六	电气系统		
	1. 升压站		
	A. 500kV 屋外配电装置	其中：建筑工程费 761 万元，设备购置费 1798 万元，安装工程费 582 万元，材差 0 万元	3141

序号	模块名称	技 术 条 件	造价合计
六	A. 500kV屋外配电装置	3/2接线，2回出线，2个完整串，1个不完整串，共7个断路器	
	B. 500kV屋内GIS配电装置	其中：建筑工程费1218万元，设备购置费3198万元，安装工程费155万元，材差0万元	4571
		3/2接线，2回出线，2个完整串，高压启动/备用变压器通过500kV断路器直接接至其中1条母线，共7个断路器	
	C. 330kV屋外中型配电装置	其中：建筑工程费585万元，设备购置费2091万元，安装工程费231万元，材差0万元	2907
		3/2接线，4回出线，3个完整串，1个不完整串，共10个断路器	
	D. 220kV模块	其中：建筑工程费411万元，设备购置费535万元，安装工程费90万元，材差0万元	1036
		3回出线，2回进线，母联断路器，启动/备用电源引接间隔，双母线接线，共7个断路器	

序号	模块名称	技 术 条 件	造价合计
六	E. 750kV 模块	其中:建筑工程费 1591 万元,设备购置费 4764 万元,安装工程费 541 万元,材差 0 万元	6896
		1 回出线,2 回进线,本期单母线接线,远期 2 串 3/2 接线,共 2 个断路器	
	2. 系统二次		
	A. 电厂 500kV 出线 2 回	其中:建筑工程费 0 万元,设备购置费 1560 万元,安装工程费 189 万元,材差 0 万元	1749
		系统保护及安全自动装置、调度自动化(远动、电能量采集、数据网、报价)、系统通信	
	B. 电厂 330kV 出线 4 回	其中:建筑工程费 0 万元,设备购置费 1795 万元,安装工程费 126 万元,材差 0 万元	1921
		系统保护及安全自动装置、调度自动化(远动、电能量采集、数据网、报价)、系统通信	
	C. 电厂 220kV 出线 3 回	其中:建筑工程费 0 万元,设备购置费 1382 万元,安装工程费 83 万元,材差 0 万元	1465
		系统保护及安全自动装置、调度自动化(远动、电能量采集、数据网、报价)、系统通信	

序号	模块名称	技　术　条　件	造价合计
六	D. 电厂750kV出线1回	其中：建筑工程费0万元，设备购置费1122万元，安装工程费89万元，材差0万元	1211
		系统保护及安全自动装置、调度自动化（远动、电能量采集、数据网、报价）、系统通信	
七	热工控制系统		
	1. 生产期MIS		
	A. 小型机		750
		主服务器达到平均5000h无故障，具有高速响应、高速数据交换和海量处理能力，保证信息系统不间断运行，采用小型机双机热备+磁盘阵列	
		中心交换机能实现不同层交换路径负载均衡、具有多个千兆光纤端口、支持冗余配置、支持三层交换、满足VLAN划分要求等	
		系统软件满足小型机服务器对操作系统以及数据库的要求，具有网络管理、数据备份、防病毒等功能，系统安全性高	

序号	模块名称	技　术　条　件	造价合计
七	A.　小型机	应用软件满足电厂日常信息管理要求,具有生产管理、经营管理、设备管理、燃料管理、办公管理等功能,并具有信息集成功能,全部国产应用软件	
	B.　微机服务器双机		850
		主服务器具有中速响应、中速数据交换能力,保证信息系统不间断运行,采用微机双机热备	
		中心交换机支持三层交换、能实现不同层交换路径负载均衡、具有多个千兆光纤端口、支持冗余配置、满足 VLAN 划分要求等	
		系统软件功能同 A 模块	
		应用软件满足电厂对信息管理的较高要求,具有生产管理、经营管理、设备管理、燃料管理、办公管理等功能,并具有信息集成功能。在设备管理(含物资管理)方面的要求较高,并需要高层辅助决策时,采用引进设备管理、辅助决策支持软件	

序号	模块名称	技 术 条 件	造价合计
七	C. 微机服务器单机		400
		主服务器在应用较少的情况下,满足信息系统数据交换及响应时间,故障时可较快恢复,采用微机服务器单机	
		中心交换机支持三层交换、具有多个千兆光纤端口、满足VLAN划分要求等	
		系统软件满足微机服务器对操作系统以及数据库的要求,具有网络管理、数据备份、防病毒等功能	
		应用软件满足电厂信息管理的基本要求,应用软件全部国产	
	D. 小型机+辅助决策支持功能		950
		主服务器达到平均 5000h 无故障,具有高速响应、高速数据交换和海量处理能力,保证信息系统不间断运行,采用小型机双机热备+磁盘阵列	
		中心交换机实现不同层交换路径负载均衡、具有多个千兆光纤端口、支持冗余配置、支持三层交换、满足 VLAN 划分要求等	

序号	模块名称	技　术　条　件	造价合计
七	D. 小型机+辅助决策功能	系统软件满足小型机服务器对操作系统以及数据库的要求，具有网络管理、数据备份、防病毒等功能，系统安全性高	
		应用软件满足电厂对信息管理的较高要求，具有生产管理、经营管理、设备管理、燃料管理、办公管理等功能，并具有信息集成功能。在设备管理（含物资管理）方面的要求较高，并需要高层辅助决策时，采用引进设备管理、辅助决策支持软件	
	2. 数字化燃料管理系统	范围：含入厂调度系统，制样化验系统编码机、扫码器，激光盘煤仪，视频监视、门禁管理系统，网络通信设备，数据接口设备，软件平台，不含汽车衡、轨道衡、取样机、化验设备	
	A.	未设置数字化燃料管理系统	0
	B. 圆形煤场（火车运煤进厂）	1重1空火车入厂调度系统，2个煤场，每个煤场激光盘煤仪3套	500
	C. 圆形煤场（汽车运煤进厂）	4重3轻20车位卸煤沟汽车入厂调度系统，2个煤场，每个煤场激光盘煤仪3套	590

序号	模块名称	技 术 条 件	造价合计
七	D. 圆形煤场（海运来煤）	2个煤场，每个煤场激光盘煤仪3套	460
	E. 条形煤场（火车运煤进厂）	1重1空火车入厂调度系统，1个煤场，每个煤场轨道式激光盘煤仪1套	300
	F. 条形煤场（汽车运煤进厂）	4重3轻20车位卸煤沟汽车入厂调度系统，1个煤场，每个煤场轨道式激光盘煤仪1套	390
	G. 条形煤场（海运来煤）	1个煤场，每个煤场轨道式激光盘煤仪1套	260
八	附属生产工程		
	1. 暖通及启动锅炉		
	A. 集中采暖区	其中：建筑工程费2776万元，设备购置费535万元，安装工程费249万元，材差0万元	3560
		有采暖系统，燃油，35t/h，1.27MPa，350℃，2台	
	B. 非集中采暖区	其中：建筑工程费1684万元，设备购置费273万元，安装工程费141万元，材差0万元	2098

序号	模块名称	技 术 条 件	造价合计
八	B. 非集中采暖区	无采暖系统，燃油，35t/h，1.27MPa，350℃，1 台	
	2. 氢气系统		
	A. 制氢干燥储存系统	其中：建筑工程费 76 万元，设备购置费 262 万元，安装工程费 58 万元，材差 0 万元	396
		标准状态下 $1×10m^3/h$ 水电解制氢、干燥装置，配储氢罐 4 个	
	B. 外购氢气系统	其中：建筑工程费 108 万元，设备购置费 84 万元，安装工程费 3 万元，材差 0 万元	195
		设置集装氢瓶及实验室检测仪表，不设在线监测仪表及大型储氢罐、氢气干燥装置	
九	交通运输工程		
	A. 铁路运输（翻车机）	厂外铁路 12km，厂内铁路 4.5km	13 350
	B. 铁路运输（底开车）	厂外铁路 12km，厂内 4km	13 200
	C. 汽车运输	厂外专用运煤公路 3km，三级标准，路面宽 7m，路基 8.5m	1843

序号	模块名称	技 术 条 件	造价合计
九	D. 海运，3.5 万 t 级（结构兼顾 5 万 t 级）	码头平面，尺寸 274m×32m，码头预应力管桩 D=1200mm，L=40～50m，透水栈桥，尺寸 1125m×18.5m，引桥，600mm×600mm 预应力方桩（不含码头设备）	15 302
十	地基处理		
	A. 46m PHC 桩	主厂房、烟囱、锅炉、汽轮机基础等采用 ϕ600PHC 桩，桩长 46m，约 2200 根，集控楼、电除尘、送风机支架、引风机支架、烟道支架和输煤转运站等采用 PHC 桩，约 3000 根，辅助附属建筑物采用复合地基	11 853
	B. 30m PHC 桩	主厂房、烟囱、锅炉、汽轮机基础等采用 ϕ600PHC 桩，桩长 30m，约 2800 根，集控楼、电除尘、送风机支架、引风机支架、烟道支架和输煤转运站等采用 ϕ500PHC 桩，桩长 22～30m，约 3800 根。辅助附属建筑物采用复合地基	7616

序号	模块名称	技 术 条 件	造价合计
十	C. 25m 钢筋混凝土钻孔灌注桩	主厂房、烟囱、锅炉、汽轮机基础等采用桩长 25m 的 ϕ800 钢筋混凝土钻孔灌注桩约 2000 根，集控楼、空冷平台、灰库、送风机支架、引风机支架和输煤转运站等采用桩长 25m 的 ϕ800 钢筋混凝土钻孔灌注桩约 2000 根。辅助附属建筑物采用复合地基	11 660
	D. 沿海长钢桩	主厂房、烟囱、锅炉、汽轮机基础等采用 70m 钢桩约 2500 根，集控楼、电除尘、送风机支架、引风机支架、烟道支架和输煤转运站等采用 ϕ500 和 ϕ600PHC 桩，桩长 30~40m，约 3800 根。辅助附属建筑物采用复合地基	29 772
十一	厂区及施工区土石方工程		
	A. 平原电厂	100 万 m³	1680
	B. 山区电厂	270 万 m³（土石比 6:4）	7943
	C. 吹沙填海电厂	250 万 m³	3528

序号	模块名称	技 术 条 件		造价合计
十二	脱硫装置系统			
	1. 不同技术路线			
	A. 单塔双循环			20 636
	B. 双塔双循环			21 683
	2. 湿法脱硫主体			
	A. 湿法脱硫主体（不含GGH）			15 841
		燃煤收到基含硫量 1.3%		
		燃煤低位发热量 20 000kJ/kg		
		脱硫效率 98.6%		
		喷淋吸收塔 2 座		
		事故浆液箱 1 座		
		氧化风机 4 台		
		循环泵 10 台		
		脱硫负荷由高压厂用工作母线引接，每台炉设低压脱硫变压器 2 台，互为备用，交流事故保安负荷由机组保安电源统一供给，设 1 组 110V 300Ah 直流蓄电池，单独设 1 套 20kVA 交流不停电电源（UPS）		

序号	模块名称	技 术 条 件	造价合计
十二	A.湿法脱硫主体（不含GGH）	主控制系统采用 2 套 FGD-DCS,工业闭路电视监视系统 1 套,每台机组烟气连续监测装置（烟气进、出口）2 套,火灾探测与报警系统 1 套,脱硫 pH 仪、浆液分析仪、电磁流量仪、物位仪、逻辑开关、电动/气动执行机构、变送器、热电偶、风量测量及一次检测元件等就地仪表 2 套	
		不含地基处理	
	3. 石灰石制备系统		
	A. 石灰石制浆（湿磨）		2981
		粒径不大于 20mm 的石灰石块进厂	
		脱硫岛内设湿磨制浆车间,直接制备石灰石浆液	
		湿式球磨机 24t/h, 2 台	
		混凝土石灰石块仓, 2 座, 3 天储量	
	B. 石灰石制浆（干磨）		2695
		粒径不大于 30mm 的石灰石块进厂	

序号	模块名称	技 术 条 件	造价合计
十二	B. 石灰石制浆（干磨）	中速磨机 24t/h，2 台	
		混凝土制石灰石粉仓，1 座，3 天储量	
		混凝土石灰石块仓，2 座，3 天储量	
		另设 2 台 1000kVA 低压变压器，互为备用	
	C. 石灰石粉制浆		780
		成品石灰石粉进厂	
		混凝土石灰石粉仓，厂内石灰石粉仓，1 座，3 天储量	
	4. 石膏脱水系统		
	A. 皮带机脱水、石膏库房		1814
		真空皮带脱水机 42t/h，2 台	
		混凝土石膏库房，3 天容量	
		单点落料，行车整理	
	B. 皮带机脱水、石膏仓储放		2363
		真空皮带脱水机 42t/h，2 台	
		混凝土石膏仓，2 座，2 天容量	
		石膏仓卸料装置，84t/h，2 台	

序号	模块名称	技 术 条 件	造价合计
十二	C. 无脱水,石膏浆液外送	石膏输送管线 3km 抛弃点高差起伏不大,不考虑抛弃泵后的抛弃输送管投资	705
十三	脱硝装置系统		
	A. 同步脱硝(尿素)	造价范围说明:含设备、建筑、安装、其他费用、价差及基本预备费	9486
		催化剂的层数按初装 3 层设计	
		尿素储存、溶解、热解和输送系统及设备	
		省煤器和 SCR 均不设烟气旁路	
	B. 同步脱硝(液氨)	造价范围说明:含设备、建筑、安装、其他费用、价差及基本预备费	8439
		催化剂的层数按初装 3 层设计	
		液氨的储备系统及设备(含液氨卸载装置及储罐)	
		省煤器和 SCR 均不设烟气旁路	

① 若为深海取水,造价 24 957 万元。

② 若为海边敞开式取水,造价 25 785 万元。

三、2×1000MW 国产超超临界 燃煤机组火电工程限额设计 参考造价指标及调整模块

（一）编制说明

1. 主要编制依据

（1）主要设备价格以中国电能成套设备有限公司提供的资料为基础，并综合考虑各发电集团公司意见，同时参照实际工程招标情况做了部分修正。

（2）建筑、安装工程主要材料价格采用北京地区 2018年价格，其中安装材料的实际价格以电力建设工程装置性材料价格资料为基础，并结合 2018 年实际工程招标价格作了综合测算。人工工资、定额材料机械调整执行电力工程造价与定额管理总站《关于发布 2013 版电力建设工程概预算定额 2018 年度价格水平调整的通知》（定额〔2019〕7 号）。

（3）定额采用国家能源局 2013 年 8 月发布的《电力建设工程概算定额》（2013 年版）、2016 年 11 月发布的《电力建设工程定额估价表》（2013 年版），部分项目采用《北京市建筑工程概算定额》。

（4）费用标准按照电力工程造价与定额管理总站《关于发布电力工程计价依据营业税改征增值税估价表的通知》（定额〔2016〕45 号）、2013 年 8 月由国家能源局发布的《火力发电工程建设预算编制与计算规定》（2013 年版），其他政策

文件依照惯例使用至 2018 年年底止。

（5）国产机组造价内已含少量必要的进口设备、材料费用，进口汇率按 1USD=6.863RMB，其相应的进口费用已计入设备材料费中，其中的关税按《中华人民共和国进出口关税条例》中的优惠税率计。

（6）抗震设防烈度按 7 度考虑。

（7）本指标价格只计算到静态投资，基本预备费率为 3%。

2. 编制范围

本指标不包括下列内容：

（1）灰渣综合利用项目（指厂外项目）；

（2）厂外光纤通信工程；

（3）地方性的收费；

（4）项目融资工程的融资费用；

（5）价差预备费；

（6）建设期贷款利息。

3. 基本技术组合方案说明

与 2017 年水平相比，基本方案未做调整。

4. 费用变化说明

取价原则变化，价格水平贴近市场，采用中等偏低价格。

5. 调整指标及模块有关说明

与 2017 年水平相比，供水系统增加了间接空冷模块，二次循环模块调整了范围。

每个模块列出的明细表仅为该模块各方案间有差异的主要内容，模块方案造价不只包含明细表中列出的内容，模块造价为静态投资，含模块界限内的建筑、设备、安装费用，不含其他费用、材料价差（烟风煤管道、高压汽水管道、中低压管道价差，以及烟囱和主厂房结构模块的建筑材料价差除外）及基本预备费，脱硫及脱硝模块为完整的静态投资（含材差、其他费用及基本预备费），模块各方案造价的边界一致，可以互换，个别模块需要与其他模块联合使用。若现有调整模块不能覆盖实际工程的技术条件时，造价分析时可根据工程实际情况自行调整。

（二）2×1000MW 机组参考造价指标

机组容量			2018 年参考造价指标（元/kW）
1000MW 超超临界	两台机组	新建	3221
		扩建	2954

注　1. "扩建"指在规划容量内连续扩建 2 台同型机组，详细技术条件与工程量见 2×1000MW 机组基本技术组合方案，在其他条件下必须进行调整。

　　2. 依托老厂、机组类型大于上期的建设项目，单位千瓦造价约为新建工程的 92%。

（三）各类费用占指标的比例

机组容量	建筑工程费用（%）	设备购置费用（%）	安装工程费用（%）	其他费用（%）	合计（%）
2×1000MW 超超临界	24.03	43.54	20.29	12.15	100.00

（四）2×1000MW 机组新建工程其他费用汇总表

序号	工程或费用名称	2018 年其他费用（万元）
一	建设场地占用及清理费	15 050
二	项目建设管理费	11 854

序号	工程或费用名称	2018年其他费用（万元）
三	项目建设技术服务费	18 319
四	分系统调试及整套启动试运费	6600
五	生产准备费	4421
六	大件运输措施费	700
	合计	56 944

注 不含基本预备费，不含脱硫、脱硝装置系统的其他费用。

（五）2×1000MW 机组新建工程主要参考工程量

序号	项目名称	单位	2018年参考工程量
一	主厂房体积	m³	698 448
1	汽机房体积	m³	282 340
2	除氧间体积	m³	87 515
3	煤仓间体积	m³	183 430
4	炉前封闭体积	m³	11 448
5	锅炉运转层以下体积	m³	92 006
6	集控楼体积	m³	41 709
二	热力系统汽水管道，其中：	t	5913
1	高压管道	t	2683
（1）	主蒸汽管道	t	743

序号	项目名称	单位	2018年参考工程量
（2）	再热蒸汽（热段）	t	794
（3）	再热蒸汽（冷段）	t	361
（4）	主给水管道	t	785
2	中低压管道	t	3230
三	烟风煤管道	t	6000
四	热力系统保温油漆（含炉墙保温）	m³	29 373
五	全厂电缆，其中：	km	2890
1	电力电缆	km	490
2	控制电缆	km	2400
六	电缆桥架（含支架）	t	2300
七	土建主要工程量		
1	主厂房基础	m³	5771
2	主厂房框架	m³	17 231
3	主厂房吊车梁	t	278
4	钢煤斗	t	892
5	汽轮机平台	m²	6882
6	主厂房钢屋架	t	880

序号	项目名称	单位	2018年参考工程量
八	建筑三材量		
1	钢筋	t	51 890
2	型钢	t	13 915
3	木材	m³	1079
4	水泥	t	188 644
九	厂区占地面积	hm²	49
十	施工租地面积	hm²	27

注 1. 主厂房体积含集控楼体积、锅炉运转层以下部分体积。

2. 建筑三材量不包括铁路、码头部分。

3. 锅炉的本体管道保温按照工程量项目划分原则归入全厂保温油漆的量中。

4. 高压管道工程量计算以锅炉 K1 柱外 1m 为界。K1 柱处主汽管道标高为 76m，再热冷段管道标高为 74m，再热热段管道标高为 49m，主给水管道标高为 29m。

5. 不含脱硫、脱硝装置系统各项工程量。

6. 电缆桥架采用镀锌钢材。

（六）建筑材料及征地价格

序号	项目名称	单位	2018年实际单价（不含税）
一	建筑三材		
1	水泥	元/t	517

序号	项目名称	单位	2018年实际单价（不含税）
2	木材	元/t	1897
3	钢筋	元/t	3457
4	型钢	元/t	3504
5	钢板	元/t	3698
二	征地		
1	厂区及厂外道路	元/亩	120 000
2	灰场	元/亩	70 000
三	租地	元/(亩·年)	5000

（七）1000MW 机组装置性材料实际综合价格

序号	材料名称	单位	2018年参考价（不含税）
1	主蒸汽管道 P92	元/t	69 604
2	再热热段蒸汽管道 P92	元/t	73 425
3	再热冷段蒸汽管道	元/t	33 217
4	主给水管道	元/t	48 898
5	锅炉排污、疏放水管道	元/t	11 709
6	汽轮机抽汽管道	元/t	22 202
7	辅助蒸汽管道	元/t	17 484

序号	材料名称	单位	2018年参考价（不含税）
8	加热器疏水、排气、除氧器溢放水管道	元/t	18 441
9	凝汽器抽真空管道	元/t	17 415
10	汽轮机本体轴封蒸汽及疏水系统	元/t	16 996
11	汽轮发电机组油、氮气、二氧化碳、外部冷却水系统管道	元/t	18 879
12	给水泵汽轮机本体系统管道	元/t	16 273
13	主厂房循环水、冷却水管道	元/t	12 868
14	主厂房内空气管道	元/t	15 874
15	中低压给水管道	元/t	19 675
16	0号柴油	元/t	6065
17	烟道	元/t	6988
18	热风道	元/t	7630
19	冷风道	元/t	7432
20	送粉管道	元/t	10 503
21	原煤管道	元/t	5713
22	岩棉	元/m³	350

序号	材料名称	单位	2018年参考价（不含税）
23	硅酸铝	元/m³	597
24	微孔硅酸钙	元/m³	1136
25	超细玻璃棉	元/m³	986
26	电力电缆　　6kV以上	元/m	208
27	电力电缆　　6kV以下	元/m	68
28	电气控制电缆	元/m	10
29	热控电缆	元/m	9
30	计算机电缆	元/m	8
31	补偿电缆（综合价）	元/m	20
32	共箱母线	元/m	5202
33	共箱母线（交流励磁）	元/m	11 594
34	共箱母线（直流励磁）	元/m	8936
35	电缆桥架（钢）	元/t	6771
36	电缆支架（钢）	元/t	4951

注　炉墙砌筑材料价格在保温材料中统一体现。

（八）1000MW 机组设备参考价格

序号	设备名称	规格型号	设备台套单位	2018 年参考价（万元）
一	热力系统			
1	锅炉（烟煤）	超超临界，不含节油点火装置，塔式炉	台	48 100
2	锅炉（烟煤）	超超临界，不含节油点火装置，∏型炉	台	45 600
3	锅炉（烟煤）	超超临界，二次再热，不含节油点火装置，塔式炉	台	53 500
4	节油点火装置	等离子点火装置，8 只（1 层）	套/炉	510
5	节油点火装置	小油枪点火装置，8 只（1 层）	套/炉	180
6	汽轮机	超超临界，1000MW，四缸四排汽	台	19 800
7	汽轮机	超超临界，二次再热，五缸四排汽	台	24 800
8	发电机	QFSN-1000-2 型（含静态励磁系统）	台	12 150
9	中速磨煤机	HP1163/MPS235-HP-II型/ZGM123 型	台	540

序号	设备名称	规格型号	设备台套单位	2018年参考价（万元）
10	双进双出钢球磨	BBD-4366 型，1900kW（含钢球、润滑油、密封风机等）	台	850
11	双进双出钢球磨	MGS4760 型，2100kW（含钢球、润滑油、密封风机等）	台	950
12	电子称重式给煤机	出力 10～100t/h	台	27
13	送风机(含电动机)	动叶可调轴流式，$Q=$1 328 000m³/h，2500kW	台	205
14	引风机(含电动机)	静叶可调轴流式，$Q=$2 592 000m³/h，6700kW	台	250
15	引风机(含电动机)	动叶可调轴流式，$Q=$2 592 000m³/h，6700kW	台	450
16	引风机(含电动机)	静叶可调轴流式，$Q=$2 592 000m³/h，6700kW	台	400
17	引风机(汽动)	不含给水泵汽轮机	台	145
18	引风机,汽动给水泵汽轮机	引风机汽轮机（单缸、单轴、冲动式、纯凝汽、下排汽给水泵汽轮机，变参数、变功率、变转速，最大连续功率 12MW，调速范围 2850～6300r/min）包含凝汽器	台	870

序号	设备名称	规格型号	设备台套单位	2018年参考价（万元）
19	一次风机（含电动机）	动叶可调轴流式，$Q=637\,000\mathrm{m}^3/\mathrm{h}$，4750kW	台	160
20	低温省煤器	一级，重量1500t	套	2000
21	电除尘器	三室四电场（含高频电源），$\eta\geqslant99.6\%$，3900t	套	3950
22	电除尘器	三室五电场（含高频电源），$\eta\geqslant99.84\%$，5000t	套	4150
23	电除尘器	三室五电场（含高频电源），采用低低温技术，$\eta\geqslant99.92\%$，5000t	套	4800
24	电袋除尘器	三室一电场	套	4800
25	湿式除尘器	双室一电场（含电源），$\eta\geqslant70\%$	套	2800
26	50%给水泵汽轮机	给水泵汽轮机及MEH等仪表与控制系统	套	750
27	50%汽动给水泵	含主泵、前置泵、出口流量1573t/h，抽头流量105t/h，扬程约33MPa	套	500

序号	设备名称	规格型号	设备台套单位	2018 年参考价（万元）
28	30%电动给水泵	启动泵，定速泵（含主泵、前置泵、齿轮箱、主泵电动机，不含出口调节阀）。芯包国产，出口和最小流量阀逆止门进口	套	620
29	100%汽动给水泵	汽动给水泵组 1×100%（芯包、前置泵、出口和最小流量阀进口）	台	1150
30	100%汽动给水泵汽轮机	汽动给水泵汽轮机单缸、单流程或双流程、下排汽凝汽式汽轮机，最大功率 42 500kW 国产设备（含集装油箱、凝汽器、给水泵汽轮机盘车、排汽管道等）；进口变速箱	台	1650
31	凝汽器	钛管，49 000m^2	台	6125
32	凝汽器	不锈钢 304，52 000m^2	台	2496
33	凝汽器	不锈钢 316，52 000m^2	台	3224
34	凝汽器	不锈钢 317，52 000m^2	台	4160
35	凝汽器	不锈钢 316L，52 000m^2	台	3380
36	凝汽器	不锈钢 317L，52 000m^2	台	4420

序号	设备名称	规格型号	设备台套单位	2018 年参考价（万元）
37	汽轮机旁路装置	35%BMCR，高低压两级串联	套	750
38	汽轮机旁路装置	100%BMCR，高低压两级串联	套	1100
39	汽轮机旁路装置	25%BMCR，高压一级大旁路	套	280
40	除氧器及水箱	最大出力大于 3130t/h，有效容积 300m³	套	425
41	高压加热器	三级，卧式（含阀门），双列	套	1700
42	高压加热器	三级，卧式（含阀门），单列	套	1800
43	高压加热器	三级，卧式（含阀门），单列（含外置蒸发冷却器）	套	1950
44	低压加热器	四级，卧式（含阀门）	套	1080
45	凝结水泵	50%，1280m³/h，3.5MPa，1500kW	台	80
46	凝结水泵	100%（不含变频器）	台	125
47	真空泵	每台汽侧配 3 台	台	58

序号	设备名称	规格型号	设备台套单位	2018年参考价（万元）
48	汽机房行车	130/30t，跨度33m，（含保护）	台	240
49	汽机房行车	235/32t，跨度30m	台	315
二	燃料供应系统			
50	翻车机	C型单车翻车机及其调车系统Q=25节/h	套	1100
51	翻车机	折返式双车翻车机及其调车系统Q=40节/h	套	1600
52	桥式抓斗卸船机	1500t/h 轨距22m	台	3600
53	清仓机	132.3kW（180HP）	台	280
54	斗轮堆取料机	1500/1500t/h，臂长35m，折返式	套	1080
55	斗轮堆取料机	3600/1500t/h，臂长40m，通过式	套	1450
56	圆形煤场堆取料机	圆形煤场直径120m，3600/1500t/h堆料机，臂长35.8m，门式/桥式	台	1350
57	活化给煤机	$Q=1500t/h$	台	100

序号	设备名称	规格型号	设备台套单位	2018年参考价（万元）
58	胶带输送机	1400mm（含胶带，不含皮带机保护元件，减速器为中外合资产品）	m	0.8
59	胶带输送机	1800mm（含胶带，不含皮带机保护元件，减速器为中外合资产品）	m	0.95
60	环（锤）式碎煤机	1000t/h	台	60
61	滚轴筛	Q=1500t/h	台	35
62	皮带给煤机	B=1600mm，Q=350～860t/h	台	30
63	桥式叶轮给煤机	B=1400mm，Q=300～1000t/h（带变频调速）	台	35
64	推煤机	TY220型	台	80
65	装载机	ZL50型	台	35
66	火车取样装置	门式，跨距6m，用于单台翻车机（缩分、破碎、液压装置进口，减速器为中外合资产品）	台	65

序号	设备名称	规格型号	设备台套单位	2018年参考价（万元）
67	火车取样装置	桥式，跨距 13.5m，用于双线火车卸煤沟（缩分、破碎、液压装置进口，减速器为中外合资产品）	台	75
68	汽车取样装置	缩分、破碎、液压装置进口，减速器为中外合资产品	套	60
69	皮带中部取样装置	$B=1400$mm 双取样头，对应 1 套二级缩分、一级破碎、回煤装置（用于入炉煤，取样头、缩分、破碎装置进口）	台	75
70	皮带中部取样装置	$B=1800$mm 单取样头，对应 1 套三级缩分、二级破碎、回煤装置（用于入厂煤，取样头、缩分、破碎装置进口）	台	105
71	动态轨道衡	断轨	台	35
72	动态轨道衡	不断轨	台	60
73	二工位头部伸缩装置	$B=1400$mm	台	35

序号	设备名称	规格型号	设备台套单位	2018年参考价（万元）
74	三工位头部伸缩装置	$B=1400mm$	台	40
75	运煤系统一次元件（新建）	包括双向拉绳开关、二级跑偏开关、胶带纵向撕裂检测装置、煤流检测装置、速度检测装置、堵煤信号、原煤仓高（低）和连续料位信号等	套	95
76	运煤系统一次元件（扩建）	包括双向拉绳开关、二级跑偏开关、胶带纵向撕裂检测装置、煤流检测装置、速度检测装置、堵煤信号、原煤仓高（低）和连续料位信号等	套	30
三	除灰系统			
77	气力除灰	输灰、控制、除尘设备等（不含管道、空压机），输送距离850m，单台炉除灰系统出力 115t/h；三室五电场，2×48+2×4个灰斗	套/2炉	915
78	刮板捞渣机	单侧捞渣机（关键部件进口，含渣井、关断门、液压控制装置等），长度65m，出力 10～80t/h	台	480

序号	设备名称	规格型号	设备台套单位	2018年参考价（万元）
79	干式排渣机	含渣井、关断门、碎渣机、渣仓、就地控制、斗式提升机，出力50～55t/h，长度55m	套	610
80	浓缩机	15m	台	95
四	水处理系统			
81	超滤装置	含加药装置、进水泵、保安过滤器、反洗水泵、水箱、膜组件、换热器等	t/h	1.2
82	反渗透装置	含加药装置、反洗水泵、升压泵、保安过滤器、水箱、膜组件、换热器等	t/h	1.5
83	制氢装置	含程控，无人值守，4个罐，标准状态下 $2×10m^3/h$	套	520
84	水汽集中取样分析装置	部分仪表进口，常规仪表国产（不含凝汽器检漏）	套/1机	130
85	电解海水制氯	设备容量为 $2×130kg/h$（可连续及冲击加氯，含工艺设备、管道、阀门、电气、控制等）	套/2机	650
86	凝结水精处理装置	两机一套再生装置（含程控、树脂），配 $2×50\%$ 前置过滤器+$4×33\%$混床	套/2机	1600

序号	设备名称	规格型号	设备台套单位	2018年参考价（万元）
五	供水系统			
87	循环水泵	流量 9.3m³/s，扬程 28.5m，立式斜流泵，电动机功率3650kW（1机3泵，二次循环，国产）	台	320
88	循环水泵	流量 15.7m³/s，扬程 17.5m，立式斜流泵，电动机功率4000kW（1机2泵，直流供水，进口）。过流部件材质常规配置	台	1180
89	循环水泵	耐海水，流量9.3m³/s，扬程28.5m，立式斜流泵，电动机功率3650kW（1机3泵，直流供水，国产）	台	600
90	循环水泵	耐海水，流量9.3m³/s，扬程28.5m，立式斜流泵，电动机功率3650kW（1机3泵，直流供水，国产）采用双相不锈钢	台	620
91	补给水泵（含电动机）	流量 2520m³/h，扬程 45m，卧式离心泵，电动机功率500kW	台	32

序号	设备名称	规格型号	设备台套单位	2018年参考价（万元）
92	直接空冷设备	包括空冷凝汽器、A型架、隔墙、蒸汽分配管、风机桥架、防护网	万 m^2	39
93	空冷风机	直径9.15m，功率132kW（含变频器、风机筒、电机、齿轮箱）	台	41
94	间接空冷设备	包括散热器管束、冷却三角框架、支撑件、百叶窗、散热器清洗系统、塔内管道。管束垂直布置	万 m^2	41
六	电气系统			
95	主变压器	500kV，380MVA，单相无载调压	台	960
96	主变压器	500kV，1140MVA，三相无载调压	台	2460
97	SF_6断路器	500kV，50kA/63kA，罐式液动带合闸电阻(国产)	台	250
98	SF_6断路器	500kV，50kA/63kA，罐式液动	台	225
99	SF_6断路器	500kV，50kA/63kA，柱式带合闸电阻	台	90
100	SF_6断路器	500kV，50kA/63kA，柱式	台	80

序号	设备名称	规格型号	设备台套单位	2018年参考价（万元）
101	SF$_6$断路器	750kV，50kA，罐式，液动，带合闸电阻	台	680
102	高压厂用变压器	无载调压，68/34–34MVA分裂变压器	台	500
103	高压厂用变压器	有载调压，70/44–26MVA三卷变压器	台	590
104	启动/备用变压器	有载调压（进口开关），220kV/10.5kV，68/34–34MVA分裂变压器	台	510
105	启动/备用变压器	有载调压（进口开关），220kV/6.3kV，50/31.5–31.5MVA分裂变压器	台	480
106	启动/备用变压器	有载调压（进口开关），500kV/10.5kV，78/45–45MVA分裂变压器	台	870
107	500kV户内GIS	断路器间隔，4000A，63kA（含主母线及分支母线）	间隔	450
108	500kV户内GIS（母线设备间隔）		间隔	70

序号	设备名称	规格型号	设备台套单位	2018年参考价（万元）
109	1000kV 户内 GIS		间隔	10 200
110	发电机断路器	额定短路开断电流：对称开断分量160kA	台	1100
111	高压开关柜	中置手车式开关柜，3150A，40kA，进口真空开关	台	18
112	高压开关柜	中置手车式开关柜，3150A，40kA，配真空断路器	台	14
113	高压开关柜	中置手车式开关柜，2000A，40kA，配真空断路器	台	8.8
114	高压开关柜	中置手车式馈线柜，1250～1600A，40kA，配真空断路器	台	11
115	高压开关柜	KYN-10，TV 柜	台	4.5
116	高压开关柜	F-C 单回路，40kA	台	8
117	高压开关柜	中置手车式开关柜，4000A，50kA，内配进口真空断路器	台	27

序号	设备名称	规格型号	设备台套单位	2018 年参考价（万元）
118	高压开关柜	馈线柜，1250A，50kA（合资厂真空断路器柜）	台	13.5
119	高压开关柜	馈线柜，50kA（合资厂单回路 F-C 柜）	台	11
120	低压开关柜	PC，主厂房内	台	6.5
121	低压开关柜	MCC，主厂房内	台	4.5
122	输煤程控装置	上位机、PLC 程控、网络通信电缆、输煤工业电视系统，不包括传感器	套	255
123	交流不停电电源装置	80kVA，单台（三相输入，单相输出）	套	40
124	网络监控系统	网络微机监控系统	套	205
125	柴油发电机	1800kW（含脱硫），主机进口	台	380
七	热工控制系统			
126	分散控制系统	包括 DAS、MCS、SCS（含电气控制）、FSSS 等 4 功能子系统，配 5 个操作员站等人机接口设备，I/O 点规模为 12 000 点	套	640

序号	设备名称	规格型号	设备台套单位	2018年参考价（万元）
127	除渣程控装置	包括 PLC 程控、操作员站、软硬件系统、机柜、就地仪表和执行机构	套	160
128	化学补给水程控装置	包括 PLC 程控、操作员站、软硬件系统、机柜、就地仪表和执行机构	套	200
129	燃油泵房程控装置	包括 PLC 程控、操作员站、软硬件系统、机柜、就地仪表和执行机构	套	60
130	空调仪表与控制系统	包括 PLC 程控、操作员站、软硬件系统、机柜、就地仪表和执行机构	套	60
131	火检及冷却风系统	根据炉型不同火检数量不同，按前后墙对冲燃烧方式，84 只火检，2 台冷却风机，进口	套	150
132	全厂工业闭路电视监视系统	210 点	套	180
八	附属生产工程			
133	启动锅炉及辅机	燃油，50t/h，1.29MPa，300℃	台	355

注　锅炉含 FSSS 就地设备，工业电视、吹灰器及控制装置、烟温探测及控制设备、空预器间隙自控装置、炉前油系统等。

（九）2×1000MW 机组基本技术组合方案

系统项目	2×1000MW+2×1000MW	
名称	新建	扩建
一、热力系统		
1. 主厂房结构形式及布置（含集控楼）	汽机纵向，机头朝向固定端，主厂房钢筋混凝土结构，锅炉露天；汽机房跨度 34m，除氧间跨度 10.5m，煤仓间跨度 13.5m（柱中心），柱距 10m，厂房长 202.40m，汽机运转层标高 17m，轨顶标高 30.7m；主厂房体积 594 994m³，汽机房体积 282 340m³、除氧间体积 87 515m³、煤仓间体积 183 430m³、集控楼体积 41 709m³、炉前体积 11 448m³（未封闭）、锅炉运转层以下体积 92 006m³（未封闭）	同左
2. 锅炉	超超临界烟煤炉，Ⅱ型，2980t/h（钢炉架，同步脱硝，含节油点火装置），2 台	同左
3. 汽轮机	N1000-25/600/600 型，2 台	同左
4. 发电机	QFSN-1000 型，2 台水–氢–氢冷却、静态励磁发电机	同左
5. 制粉系统	中速磨煤机 MPS265 型，1000kW，12 台	同左

系统项目	2×1000MW+2×1000MW	
名称	新 建	扩建
6. 风机	送风机：动叶可调轴流式，$Q=$ 369m³/s，5164Pa，2500kW，4 台	同左
	引风机：动叶可调轴流式，$Q=$ 799m³/s，9198Pa，8800kW，4 台	
	一次风机：动叶可调轴流式，$Q=$ 177m³/s，21 776Pa，4750kW，4 台	
7. 除尘系统	三室五电场，4 台	同左
8. 给水泵	汽动给水泵，1564.5m³/h，效率 83%，32.5MPa，5600r/m，4 台；电动给水泵，30%BMCR 容量，启动用，900t/h，11MPa，2 台（进口）	同左
9. 旁路系统	每台机组设置一套高压和低压两级串联汽轮机旁路系统，旁路容量按 35%BMCR 设置（进口）	同左
10. 四大管道材质	主汽管道（P92）、再热热段（P92）、再热冷段（A672B70CL32）、主给水管道（15NiCuMoNb 5-6-4）	同左
11. 锅炉真空清扫系统	1 台 91.875kW（125HP）真空吸尘车，两台炉各平台的吸尘管道以及煤仓间的吸尘管道	同左
12. 暖通系统	汽机房自然进风、屋顶排风机排风，制冷站 3×50%风冷冷水机组，集控楼 2 套 2×100%组合空调机组；煤仓间原煤斗高压静电除尘器	同左

系统项目	2×1000MW+2×1000MW	
名称	新　　建	扩建
13. 烟道支架	钢烟道支架为钢筋混凝土结构	同左
14. 引风机支架	钢筋混凝土框架结构	同左
15. 送风机支架	钢筋混凝土框架结构	同左
16. 烟囱	钢筋混凝土双钢内筒集束烟囱1座，240m/2ϕ7.2m；钢筋混凝土外筒、钛钢复合板双钢内筒集束烟囱	同左
二、燃煤供应系统		
1. 简要说明	运煤系统按4×1000MW规划设计，卸煤和储煤设施分期建设	
2. 卸煤	全部铁路敞车运煤进厂，2套单车翻车机及调车系统，4台活化给煤机Q=800t/h，2台火车取样机	同左
3. 储煤	煤场容量2×1000MW机组20天耗煤量。斗轮堆取料机，1500/1500t/h，臂长45m，折返式，2台。推煤机3台，装载机2台	同左
4. 运煤	运煤胶带机B=1400mm，v=2.5m/s，Q=1500t/h，双路设置；胶带机总长L=2492m	同左
	原煤仓配煤方式采用犁煤器方案	

系统项目	2×1000MW+2×1000MW	
名称	新　　建	扩建
5. 碎、筛煤	环式碎煤机 $Q=1000t/h$，2台；滚轴筛 $Q=1500t/h$，2台	同左
6. 主要辅助建筑	输煤综合楼按 6540m³，推煤机库按 2316m³	
7. 点火油罐	500m³ 钢油罐，2个	
8. 含油污水处理	简易装置1套	
9. 栈桥	进主厂房栈桥高标高段采用钢桁架钢柱，低标高段采用钢结构；其他采用钢结构或钢筋混凝土结构	同左
10. 转运站	钢筋混凝土结构	同左
11. 斗轮机基础	钢筋混凝土基础	同左
12. 翻车机室	钢筋混凝土结构，1座翻车机室按安装2台单车翻车机设计	同左

系统项目	2×1000MW+2×1000MW	
名称	新　　建	扩建
三、除灰系统		
1. 厂内除灰渣（石子煤）方式	灰渣分除，干灰集中至灰库，范围为除尘器灰斗法兰至灰库卸料设备出口，输送距离 850m，单台炉除灰系统出力 115t/h，三室五电场电除尘器 60 个灰斗，省煤器 8 个灰斗；刮板捞渣机和刮板输送机两级输送至渣仓，范围为锅炉炉底灰斗水封插板出口至渣仓卸料设备出口，单侧刮板捞渣机长度 53m，出力 10～80t/h，二级刮板输送机长度 23m，出力 10～80t/h；电瓶叉车运输石子煤，分界点为中速磨石子煤斗出口	同左
2. 厂外汽车运灰渣	运灰公路 5km，三级标准，每 1km 设 25m 缓冲带（宽 12m），占地 60 亩；16t 自卸汽车，全封闭型，22 辆，2 个车位检修车库 150m²	
3. 灰场机械	洒水车 2 辆，10t 压路机 3 辆，T140 推土机 3 辆	同左
4. 灰库	3 座钢筋混凝土筒仓，无保温	同左
5. 除灰综合楼	钢筋混凝土框架结构	同左
6. 气化风机房	钢筋混凝土框架结构	同左

系统项目	2×1000MW+2×1000MW	
名称	新建	扩建
四、水处理系统		
1. 锅炉补给水处理	2×70t/h 超滤、反渗透加 2×（100～140t/h）一级除盐加混床系统	扩建一套超滤、反渗透
2. 化验室	气：SF$_6$ 分析；水、煤（含入厂煤、入炉煤）、油（含透平油、绝缘油、抗燃油）分析	
3. 汽水集中取样分析	含高温高压取样冷却装置及在线分析仪表，仪表配置原则按最新的化学技术规程	同左
4. 凝结水精处理	2×50%前置过滤器、4×33%H/OH 型混床、混床出口不设钠表，两机一套（或单机一套）再生装置	同左
5. 循环水稳定系统	循环水加酸加阻垢剂处理	
6. 循环水杀生系统	化学法制二氧化氯，设备容量为 2×20kg/h 有效氯	同左
7. 给水加药处理系统	加氨加氧联合处理，两机合用一套加药系统	同左
8. 工业废水集中处理	废水池总容积 8000m^3，100t/h 澄清器 1 台，10t/h 脱水机设 1 台，相对集中处理，正常工况下回收利用，不外排；包括酸碱再生废水、酸洗废水、空预器冲洗水等；不包括含煤废水处理、含油污水处理	

系统项目	$2\times1000MW+2\times1000MW$	
名称	新 建	扩建
9. 氢气系统	标准状态下$2\times10m^3/h$电解制氢加干燥储存装置	
10. 厂区管道	防腐管道采用钢衬塑管道及不锈钢管	同左
11. 锅炉补给水处理车间	钢筋混凝土框（排）架结构	同左
12. 化验楼	钢筋混凝土框架结构	
13. 循环水加药间	钢筋混凝土框（排）架结构	
14. 制氢站	钢筋混凝土结构	
15. 废水综合楼	钢筋混凝土结构	
五、供水系统		
1. 供水方式	采用扩大单元制二次循环供水系统	同左
2. 冷却塔	每台机配逆流式自然通风冷却塔 1 座，冷却塔淋水面积为 $12\,000m^2$，考虑防冻措施	同左

系统项目	2×1000MW+2×1000MW	
名称	新 建	扩建
3. 循环水系统	2台机组合建1座循环水泵房，泵房内安装6台循环水泵（立式斜流泵），进水间和泵房全封闭，下部结构29.2m×43m×10.5m（净尺寸长×宽×深），地上结构57m×18.98m×18.5m（长×宽×高）；循环水压力水管采用焊接钢管2×DN3700，总长L=1510m	同左
4. 补给水系统	补给水为地表水，补给水泵房一座，水泵房设3台取水泵，土建按5台泵一次建成，下部结构28.5m×27m×20m（净尺寸长×宽×深），地上结构28.5m×27m×10m（长×宽×高）	增设2台水泵
5. 补给水管线	2×DN1000，焊接钢管，单线长度L=15km	
6. 净化站	地表水净化站在厂内布置，处理容量4×1400m³/h，采用二级处理工艺：斜管/板混凝沉淀+过滤（部分）	同左

六、电气系统

1. 出线回路	2回	2回

系统项目	2×1000MW+2×1000MW	
名 称	新 建	扩建
2. 配电装置	500kV 屋外敞开式，3/2 接线，2 回进线，2 回进线，高压备用变压器通过 1 台 500kV 断路器直接接至其中 1 条母线，共 7 台断路器	同左
3. 主变压器	每台机设 3 台国产单相变压器，容量 380MVA/台	2 台机组再设 6 台单相变，另设一台备用相
4. 高压厂用电源	高压厂用电压采用 10kV（电动启动给水泵电动机容量为 5600kW），每台机组设 1 台 84/49–49MVA 分裂绕组高压厂用变压器，每台机组设 2 段高压厂用母线	同左
5. 高压厂用断路器	主厂房进线采用真空断路器，馈线采用真空断路器和 F-C 柜结合方案，额定开断电流采用 50kA；1250kVA 及以下低压厂用变压器回路和1000kW 及以下电动机回路采用 F-C 设备	同左
6. 启动/备用电源	500kV 配电装置一级降压引接 1 台有载调压分裂绕组变压器，容量 84/49–49MVA	同左
7. 事故保安电源	每台机组设置 1 台 1800kW 柴油发电机组（含供脱硫系统保安负荷 300kW 左右）	同左

系统项目	2×1000MW+2×1000MW	
名 称	新 建	扩建
8. 交流不停电电源	每台机组设置 2 台 100kVA UPS 装置	同左
9. 网络控制系统	500kV 配电装置，3/2 接线，网络控制配置微机监控系统 1 套，就地设继电器小室，数据采集装置按串配，双上位机（操作员站）	增加本期数据采集单元
10. 直流系统	每台机组设控制 2 组 110V 1000Ah 蓄电池、配高频开关电源型充电装置 2 套（模块 n+2 冗余配置），动力 1 组 220V 2500Ah 蓄电池、配高频开关电源型充电装置 1 套（模块 n+2 冗余配置），直流屏、绝缘检查装置、电池检测装置，网络继电器室设置 2 组 220V 400Ah 蓄电池及配套高频开关电源型充电装置 3 套	同左
11. 输煤控制系统	程控系统按 4×1000MW 规划容量考虑程控装置：2 套上位机（操作员站），DCS 控制，I/O 点数 1600 点左右，2～3 个远程站，包括网络通信电缆。输煤工业电视系统：4 个显示器，20 个摄像头（2 个彩色变焦，18 个黑白），矩阵切换器等	根据工程实际情况，考虑适当增加 I/O 点及摄像头数量

系统项目	2×1000MW+2×1000MW	
名称	新　　　建	扩建
12. 全厂高压开关柜（含 F-C）	198 面，其中主厂房 160 面，输煤系统 38 面；共计真空柜 97 面，F-C 柜 95 面,其他进线 TV 柜和母线 TV 及避雷器柜 6 面	150 面
13. 发电机－变压器组保护	采用双重化保护装置，保护屏 16 面（含启动/备用变压器保护屏 4 面）	同左
14. 升压站	500kV 屋外敞开式	同左
15. A 外构筑物	构架为钢结构,设备基础为钢筋混凝土基础	同左
七、系统二次		
1. 继电保护	500kV 线路保护 4 套、母线保护 4 套、断路器保护 7 套、线路故障录波器 1 面、保护及故障录波信息管理子站 1 套、行波测距装置 1 套及安全稳定控制装置 2 套	增加线路保护 4 套，增加断路器保护 6 套，已有系统按扩容考虑
2. 调度自动化	远动与网控统一考虑，配置 AGC/AVC 测控柜 1 套；500kV 出线侧、启动/备用变压器高压侧配置主/校、0.2s 级关口表；机组出口侧配置单、0.5s 级考核表；电能表处理器 1 套，计费小主站 1 套；调度数据网接入设备、二次系统安全防护设备各 1 套；功角测量装置、电厂竞价辅助决策系统、发电负荷考核系统各 1 套	同左,已有系统按扩容考虑

系统项目	2×1000MW+2×1000MW	
名称	新　　建	扩建
3. 通信	配置 2 套 SDH 622Mbit/s 光端机、96 门调度程控交换机 1 台、−48V 高频开关电源 2 套、500AH 蓄电池 2 组、至调度端 PCM2 对；通信机房动力环境监视纳入电厂网控系统统一考虑；载波通道 2 路（根据工程实际需要配置）	同左,已有系统按扩容考虑
八、热工控制系统		
1. 分散控制系统（DCS）	包括 DAS、MCS、SCS、FSSS 等 4 个功能子系统（包括电气控制纳入 DCS，不包括大屏幕），每台机组 I/O 点按 12 000 点计算，2 套	同左
2. 汽轮机控制系统（DEH）	高压抗燃油伺服系统,纯电液数字调节方式,2 套	同左
3. 汽轮机危急遮断系统（ETS）	采用汽轮机厂专用的控制装置实现保护功能,2 套	同左
4. 汽轮机安全监测仪表（TSI）	含汽轮机转速、汽轮发电机轴承振动、轴向位移、差胀、缸胀、偏心、键相等功能,2 套	同左
5. 汽轮机振动分析和故障诊断系统（TDM）	含工控机、分析软件、专家诊断软件等,2 机组合配 1 套人机界面	同左

系统项目	2×1000MW+2×1000MW	
名称	新　　建	扩建
6. 吹灰程控及烟温探针系统	吹灰和烟温探针的控制纳入机组DCS，2套	同左
7. 除灰、除渣仪表与控制系统	采用PLC（包括系统软件、应用软件、硬件系统、机柜、人机界面）及就地压力、温度、流量、物位仪表和电磁阀箱、配电箱等，1套	同左
8. 化学补给水仪表与控制系统	采用PLC（包括系统软件、应用软件、硬件系统，机柜、人机界面）及就地压力、温度、流量、分析仪表和电磁阀箱等，1套	按工艺扩容情况增加相应仪表控制设备
9. 凝结水精处理仪表与控制系统	采用PLC（包括系统软件、应用软件、硬件系统、机柜、人机界面）及就地压力、温度、流量、分析仪表和电磁阀箱等，1套	同左
10. 燃油泵房仪表与控制系统	采用DCS（包括系统软件、应用软件、硬件系统、机柜、人机界面）及压力、流量、液位、温度等仪表和配电箱等，1套	
11. 启动锅炉房仪表与控制系统	采用PLC（包括系统软件、应用软件、硬件系统、机柜、人机界面）包括压力、流量、温度等仪表、执行机构及控制系统，1套	

系统项目	2×1000MW+2×1000MW	
名称	新 建	扩建
12. 废水处理仪表与控制系统	采用PLC（包括系统软件、应用软件、硬件系统，机柜、人机界面）及就地压力、温度、流量、分析仪表和电磁阀箱等，1套	按工艺扩容情况增加相应仪表控制设备
13. 空调仪表与控制系统	采用PLC（包括系统软件、应用软件、硬件系统，机柜、人机界面）及就地压力、温度、流量等仪表和执行机构，1套	同左
14. 全厂工业闭路电视系统	数字式系统，系统包括云台、传输光（线）缆、视频服务器、交换机和监视器等。监测点（摄像头）按210点，1套	根据监测范围调整监测点数
15. 全厂火灾探测报警系统	感温、感烟传感器进口，包括预制电缆，1套	同左
16. 辅助系统集中控制网络	包括上位机、网络、接口、软件、预制电缆等，1套	控制网络扩容
17. 厂级自动化系统	厂级监控信息系统和管理信息系统	当电厂尚无此系统时按新建处理
九、附属生产工程		
1. 启动锅炉	燃油快装炉，50t/h，1.3MPa，2台	

系统项目	\multicolumn{2}{c}{2×1000MW+2×1000MW}	
名称	新　　建	扩建
2. 启动锅炉房	钢筋混凝土框（排）架	
3. 材料库	钢筋混凝土结构，2750m²	
4. 综合检修间	钢筋混凝土结构，2750m²	
5. 生产附属及公共福利工程	办公楼 2640m²、食堂 550m²、浴室 220m²、招待所 660m²、夜班宿舍 990m²、检修公寓 1540m²	
6. 厂区及施工区土石方	100万 m³	50万 m³
十、交通运输工程		
1. 铁路	Ⅰ级工企铁路标准，厂外 12km（含接轨站改造），厂内 4.5km	厂内加 2.7km
2. 公路	进厂道路 2km，三级厂矿道路标准，路面宽 7m，路基宽 8.5m	
十一、地基处理	采用 ⌀800 钻孔灌注桩，桩长 35m，主厂房区桩数约 4000 根	同左
十二、灰场	山谷干灰场，占地 39hm²，满足堆灰约 3 年。坝体工程量约 2.58万 m³，初期考虑排水及防渗，设灰场管理站	按事故备用灰场考虑，占地 35.1hm²，满足堆灰约 1年。坝体工程量约 2.32万 m³，考虑排水及防渗

系统项目	2×1000MW+2×1000MW	
名称	新　　建	扩建
十三、脱硫装置系统		
1. 工艺描述	石灰石−石膏湿法烟气脱硫工艺（1 炉 1 塔），含硫量 1.3%，脱硫效率 98.6%，不含 GGH，10 台循环泵，4 台氧化风机；烟气系统接口范围：从引风机出口接出经脱硫装置脱硫后接至烟囱入口；工艺水系统接口范围：从电厂循环水和电厂工业水接至脱硫岛外 1m；压缩空气系统：从电厂压缩空气系统接至脱硫岛外 1m	同左
2. 石灰石制备系统	粒径不大于 20mm 的石灰石块进厂，脱硫岛内设湿磨制浆车间，2 台 100%出力的湿式球磨机；范围：从自卸料口将石灰石块卸至地下料斗开始，至石灰石浆液泵出口为止	同左
3. 石膏脱水系统	一级浆液旋流器和二级皮带脱水机石膏脱水系统，2 套石膏浆液旋流器，2 台 100%出力的真空皮带脱水机，脱水后石膏储存于石膏储存间；范围：从吸收塔浆液排出泵出口开始至副产品石膏堆放于石膏库房内为止	同左

系统项目	2×1000MW+2×1000MW	
名　称	新　　　建	扩建
4. 电气系统	脱硫负荷由高压厂用工作母线引接,每台炉设低压脱硫变压器2台,互为备用,交流事故保安负荷由机组保安电源统一供给,单独设1套交流不停电电源(UPS)	同左
5. 热控系统	主控制系统采用 2 套 FGD-DCS,脱硫闭路电视监视系统1套,火灾探测与报警系统1套,每台机组烟气连续监测装置(烟气进、出口)2套,脱硫 pH 计、物位仪、电磁流量仪、浆液分析仪、电动/气动执行机构、变送器、测量元件等就地仪表2套	同左
6. 电气控制综合楼	钢筋混凝土框架	同左
7. 烟道支架	钢结构	同左
十四、脱硝装置系统		
1. 尿素储存及热解制氨气系统	尿素法:袋装尿素采用人工卸车并储存在尿素储仓内,散装颗粒尿素利用槽车上的车载风机卸入尿素储仓;固体尿素经溶解后储存在尿素溶液储存罐内,尿素溶液经热解器反应后生成氨气	同左

系统项目	2×1000MW+2×1000MW	
名 称	新　　　建	扩建
2. SCR反应系统	烟气在锅炉省煤器出口处被平均分为两路，每路烟气并行进入一个垂直布置的 SCR 反应器，即每台锅炉配有二个反应器，烟气经过均流器后进入催化剂层，然后烟气进入空预器、电除尘器、引风机和脱硫装置后，排入烟囱；烟气在进入催化剂前设有氨注入的系统，烟气与氨气充分混合后进入催化剂反应，脱去 NO_x；SCR 反应器入口 NO_x 浓度按标准状态下 $260mg/m^3$ 设计，脱硝效率大于或等于89%	
	催化剂层数 3+1，初装 3 层，催化剂采用蜂窝式	
	脱硝系统不设置烟气旁路和省煤器高温旁路系统	
	脱硝装置支撑在炉后除尘器前的支架上，由锅炉厂设计、供货，脱硝装置平台、扶梯与锅炉平台连接	
3. 土建	包括：脱硝反应器构架基础、构筑物、配电间、室外给、排水及消防系统及综合管架	

（十）2×1000MW 机组调整模块表

序号	模块名称	技术条件	造价合计（万元）
	热力系统		
	1. 炉型		
	热机范围	包括锅炉本体、高压汽水管道和相关的保温	
一	A. 一次再热Ⅱ型炉	其中：建筑工程费 1085 万元，设备购置费 91 656 万元，安装工程费 51 583 万元，价差 −9809 万元	134 515
		超超临界烟煤炉，一次中间再热，2980t/h，2 台	
		主汽管道（P92）、再热热段（P92）、再热冷段（A672B70CL32）、主给水管道（15NiCuMoNb5−6−4），高压汽水管道 2683t	
		锅炉基础为独立基础	
	B. 一次再热塔式炉	其中：建筑工程费 1292 万元，设备购置费 96 681 万元，安装工程费 60 713 万元，价差 −12 559 万元	146 127
		超超临界烟煤炉，一次中间再热，3097t/h，2 台	

序号	模块名称	技术条件	造价合计（万元）
一	B. 一次再热塔式炉	主汽管道（P92）、再热热段（P92）、再热冷段（A672B70CL32）、主给水管道（15NiCuMoNb5-6-4），高压汽水管道3313t	
		锅炉基础为独立基础	
	C. 二次再热塔式炉	其中：建筑工程费1421万元，设备购置费107 535万元，安装工程费 78 124 万元，价差-17 297万元	169 783
		超超临界烟煤炉，2702t/h，2台	
		主汽管道（P92）、一次再热热段（P92）、二次再热热段（P92）、一次再热冷段（A691 1-1/4Cr CL22）、二次再热冷段（A691 1-1/4Cr CL22）、主给水管道（15NiCuMoNb5-6-4)，高压汽水管道4920t	
		锅炉基础为独立基础	
	2. 机型		
	热机范围	热力汽水系统,包括汽轮发电机组、热力系统汽水管道、热力系统保温等（不含锅炉本体、高压汽水管道）	

序号	模块名称	技术条件	造价合计（万元）
		其中：建筑工程费 20 224 万元，设备购置费 47 211 万元，安装工程费 12 545 万元，价差 2779 万元	82 759
一	A. 一次再热纯凝机组	汽机纵向，机头朝向固定端，主厂房钢筋混凝土结构，锅炉露天；汽机房跨度 34m，除氧间跨度 10.5m，煤仓间跨度 13.5m（柱中心线间距），柱距 10m，厂房长 202.4m，汽机运转层标高 17m，轨顶标高 30.7m；主厂房体积 594 994m³，其中汽机房体积 282 340m³，除氧间体积 87 515m³，煤仓间体积 183 430m³，集控楼体积 41 709m³；炉前体积 11 448m³（未封闭），锅炉运转层以下体积 92 006m³（未封闭）	
		超超临界汽轮机，一次中间再热，1000MW，25MPa/600℃/600℃，单轴，四缸四排汽，八级抽汽，2 台	
		高压加热器，三级，卧式，双列，2 套	
		低压加热器，四级，卧式，2 套	

序号	模块名称	技术条件	造价合计（万元）
一	A. 一次再热纯凝机组	高压和低压两级串联汽轮机旁路系统，35%BMCR，2套	
		中低压管道 3230t	
		保温 4259m³	
	B. 二次再热纯凝机组	其中：建筑工程费 20 806 万元，设备购置费 62 558 万元，安装工程费 15 934 万元，价差 3071 万元	102 369
		汽机纵向，机头朝向固定端，主厂房钢筋混凝土结构，锅炉露天；汽机房跨度 34m，除氧间跨度 10.5m，煤仓间跨度 13.5m（柱中心线间距），柱距 10m，厂房长 212.4m，汽机运转层标高 17m，轨顶标高 30.7m；主厂房体积 571 767m³，其中汽机房体积 296 105m³，除氧间体积 92 232m³，煤仓间体积 183 430m³，集控楼体积 41 709m³；炉前体积 11 448m³（未封闭），锅炉运转层以下体积 92 006m³（未封闭）	
		超超临界汽轮机，二次中间再热，1000MW，31MPa/600℃/610℃/610℃，单轴，五缸四排汽，十级抽汽，2台	

序号	模块名称	技术条件	造价合计（万元）
一	B. 二次再热纯凝机组	高压加热器，四级，卧式，双列，2套	
		低压加热器，五台全容量，卧式，2套	
		高、中、低压三级串联汽轮机旁路系统，65%BMCR，2套	
		中低压管道4280t	
		保温6334m³	
	3. 主厂房结构		
	A. 钢筋混凝土结构	其中：建筑工程费7365万元，设备购置费0万元，安装工程费0万元，价差1188万元	8553
	B. 钢结构	其中：建筑工程费13112万元，设备购置费0万元，安装工程费0万元，价差2250万元	15 362
	4. 主厂房布置		
	A. 前煤仓	其中：建筑工程费20 970万元，设备购置费316万元，安装工程费50 353万元，价差-7812万元	63 827
		包括高压汽水管道和相关保温	

序号	模块名称	技术条件	造价合计（万元）
一	A. 前煤仓	包括煤仓层皮带	
		包括主厂房内电力电缆、控制电缆及热控电缆	
		汽机纵向，机头朝向固定端，主厂房钢筋混凝土结构，锅炉露天；汽机房跨度34m，除氧间跨度10.5m，煤仓间跨度13.5m（柱中心线间距），柱距10m，厂房长202.4m；主厂房体积594 994m³，其中汽机运转层标高17m。汽机房厂房体积282 340m³，除氧间体积87 515m³，煤仓间体积183 430m³，集控楼体积41 709m³	
		主汽管道（P92）、再热热段（P92）、再热冷段（A672B70CL32）、主给水管道（15NiCuMoNb5－6－4），高压汽水管道量2683t	
		煤仓层皮带 $B=1400mm$，双路布置，196m	
	B. 侧煤仓	其中：建筑工程费17 539元，设备购置费155万元，安装工程费47 780万元，价差－7704万元	57 770
		包括汽水管道和相关保温	

序号	模块名称	技术条件	造价合计（万元）
一	B. 侧煤仓	包括煤仓层皮带	
		包括主厂房内电力电缆、控制电缆及热控电缆	
		汽机纵向，机头朝向固定端，主厂房钢筋混凝土结构，按汽机房、除氧间、锅炉房顺序排列，煤仓间布置于两炉之间的炉侧。汽机房跨度 34m，除氧间跨度 10m，柱距 10m,（柱中心线间距），厂房长 202.4m，汽机运转层标高 17m。煤仓间跨度 7.5/7/7.5m，柱距 10m，6 档；柱距 11m，1 档。主厂房体积 472 656m³，其中汽机房体积 282 340m³，除氧间体积 84 725m³，煤 仓 间 体 积 105 591m³	
		主汽管道（P92）、再热热段（P92）、再 热 冷 段（A672B70CL32）、主给水管道（15NiCuMoNb5－6－4），高压汽水管道量 2506t	
		煤仓层皮带 B=1400mm，L=62.725/67.41/62.725m	

序号	模块名称	技术条件	造价合计（万元）
一	5. 烟囱		
	A. 钢筋混凝土外筒钛钢复合板双钢内筒集束烟囱	其中：建筑工程费6618万元，设备购置费0万元，安装工程费0万元，价差564万元	7182
		240m/2ϕ7.2m	
		钢筋混凝土基础5086m³，钢筋混凝土外筒8614m³，钛钢复合板钢内筒1442t，双钢内筒集束烟囱	
		对应于脱硫系统不设置GGH装置机组	
	B. 钢筋混凝土外筒、耐硫酸露点腐蚀钢板双内筒套筒式结构烟囱，内筒喷涂烟囱专用防腐涂料	其中：建筑工程费5543万元，设备购置费0万元，安装工程费0万元，价差551万元	6094
		240m/2ϕ7.2m	
		钢筋混凝土基础5086m³，钢筋混凝土外筒8614m³，Q235钢内筒1619t，内筒喷涂烟囱专用防腐涂料11 000m²	
		对应于脱硫系统不设置GGH装置机组	

序号	模块名称	技术条件	造价合计（万元）
一	C. 钢筋混凝土外筒、耐硫酸露点腐蚀钢板双内筒套筒式结构烟囱，内筒内粘贴硼硅泡沫玻璃砖	其中：建筑工程费 5667 万元，设备购置费 0 万元，安装工程费 0 万元，价差 573 万元	6240
		240m/2ϕ7.2m	
		钢筋混凝土基础 5086m^3，钢筋混凝土外筒 8614m^3，耐硫酸露点钢内筒 1619t，内筒粘贴硼硅泡沫玻璃砖 11 000m^2	
		对应于脱硫系统不设置 GGH 装置机组	
	D. 钢筋混凝土外筒、玻璃钢双内筒套筒式结构烟囱	其中：建筑工程费 5767 万元，设备购置费 0 万元，安装工程费 0 万元，价差 535 万元	6302
		240m/2ϕ7.2m	
		钢筋混凝土基础 5086m^3，钢筋混凝土外筒 8614m3，20mm 厚玻璃钢内筒 12 850m^2	
		对应于脱硫系统不设置 GGH 装置机组	

序号	模块名称	技术条件	造价合计（万元）
一	E. 钢筋混凝土外筒、密实型整体浇筑料双内筒套筒式结构烟囱	其中：建筑工程费 5261 万元，设备购置费 0 万元，安装工程费 0 万元，价差 584 万元	5845
		240m/2ϕ7.2m	
		钢筋混凝土基础 5086m^3，钢筋混凝土外筒 8614m^3，200mm 厚密实型整体浇筑料 11 000m^2	
		对应于脱硫系统不设置 GGH 装置机组	
	F. 钢筋混凝土外筒双钢内筒集束烟囱	其中：建筑工程费 4686 万元，设备购置费 0 万元，安装工程费 0 万元，价差 584 万元	5270
		240m/2ϕ7.2m	
		钢筋混凝土基础 5086m^3，钢筋混凝土外筒 8614m^3，耐硫酸露点钢内筒 1619t，内筒防腐涂料 11 000m^2，双钢内筒集束烟囱	
		对应于脱硫系统设置 GGH 装置机组	

序号	模块名称	技术条件	造价合计（万元）
	燃料供应系统		
	1. 厂内输煤	各模块的设计范围从卸煤点受卸设施起至主厂房原煤仓（不含原煤仓，含原煤仓料位信号）配煤点止，包括全部的工艺设备（含暖通、水工）、建（构）筑物（煤仓间和煤仓间端部转运站除外）和辅助生产设施。电控设备、煤泥沉淀池、煤水净化系统、输煤综合楼、推煤机库进入基本技术方案，不进入模块	
二	A. 全部铁路敞车运煤进厂	其中：建筑工程费 14 658 万元，设备购置费 9109 万元，安装工程费 941 万元，价差 0 万元	24 708
		不含铁路配线（由主体设计院总图专业考虑）	
		单车翻车机及调车系统 2 套	
		2 重 2 空 1 走行	
		活化给煤机 Q=800t/h，4 台	
		动态轨道衡 1 台，火车取样机 2 台	
		煤场容量 2×1000MW 机组 20 天耗煤量	

序号	模块名称	技术条件	造价合计（万元）
二	A. 全部铁路敞车运煤进厂	斗轮堆取料机 1500/1500t/h，臂长 45m，折返式，2 台	
		推煤机 3 台，装载机 2 台	
		运煤胶带机 B=1400mm，v=2.5m/s，Q=1500t/h，双路；胶带机总长 L=2492m	
		滚轴筛 Q=1500t/h，2 台	
		环式碎煤机 Q=1000t/h，2 台	
	B. 全部海运来煤，3.5 万 t 级或 5 万 t 级泊位码头（斗轮机煤场）	其中：建筑工程费 7453 万元，设备购置费 17 809 万元，安装工程费 1581 万元，价差 0 万元	26 844
		与 A 模块的差别在于卸煤设施、斗轮机形式、卸煤系统的出力	
		桥式抓斗卸船机 Q=1500t/h 2 台	
		清仓机 5 台	
		胶带机中部取样机 B=1800mm，1 台	
		煤场容量 2×1000MW 机组 20 天耗煤量	
		斗轮堆取料机 3600/1500t/h，臂长 40m，通过式，2 台	

序号	模块名称	技术条件	造价合计（万元）
二	B. 全部海运来煤，3.5万t级或5万t级泊位码头（斗轮机煤场）	推煤机3台，装载机2台	
		卸煤胶带机 B=1800mm，v=3.5m/s，Q=3600t/h，双路设置，本期安装1路，码头和引桥胶带机露天布置；胶带机单路总长 L=1810m（此长度包括码头及引桥胶带机）	
		上煤胶带机 B=1400mm，v=2.5m/s，Q=1500t/h，双路设置；胶带机单路总长 L=1296m	
		原煤仓配煤方式采用犁煤器方案	
		滚轴筛 Q=1500t/h，2台	
		环式碎煤机 Q=1000t/h，2台	
	C. 全部海运来煤，3.5万t级或5万t级泊位码头（圆形煤场）	其中：建筑工程费 15 020 万元，设备购置费 17 940 万元，安装工程费 1687 万元，价差 0 万元	34 647
		与 A 模块的差别在于煤场结构形式、堆取料机形式、卸煤系统的出力	
		桥式抓斗卸船机 Q=1500t/h 2台	
		清仓机 5台	

序号	模块名称	技术条件	造价合计（万元）
二	C. 全部海运来煤，3.5万吨级或5万t级泊位码头（圆形煤场）	胶带机中部取样机 B=1800mm，1台	
		封闭式圆形煤场 2 座，直径120m，挡墙高度12.5m，单仓储量 15 万 t，煤场容量 2×1000MW 机组 20 天耗煤量	
		堆取料机，堆料 3600t/h，臂长 35.8m；取料 1500t/h，门式，2 台	
		活化给煤机 Q=1500t/h 4 台	
		推煤机 3 台，装载机 2 台	
		卸煤胶带机 B=1800mm，v=3.5m/s，Q=3600t/h，单路，码头和引桥胶带机露天布置；胶带机总长 L=1810m（此长度包括码头及引桥胶带机）	
		上煤胶带机 B=1400mm，v=2.5m/s，Q=1500t/h，双路，胶带机总长 L=1866m	
		滚轴筛 Q=1500t/h，2 台	
		环式碎煤机 Q=1000t/h，2 台	

序号	模块名称	技术条件	造价合计（万元）
三	除灰系统		
	厂内除渣		
	A. 机械除渣直接至渣仓，电瓶叉车运输石子煤	其中：建筑工程费 0 万元，设备购置费 1504 万元，安装工程费 318 万元，价差 0 万元	1822
		刮板捞渣机直接至渣仓的除渣系统（含控制系统）	
		刮板捞渣机，长度 53m，出力 10～80t/h，2 台	
		渣仓（露天）80m³，2 台	
		高效浓缩机 ϕ10m，2 台	
		储水池 ϕ10m，2 台	
		溢流水泵 270m³/h，4 台	
		回水泵 264m³/h，4 台	
		电瓶叉车 2.5t，3 台	
	B. 风冷式排渣机加二级输送系统，电瓶叉车运输石子煤	其中：建筑工程费 0 万元，设备购置费 1428 万元，安装工程费 186 万元，价差 0 万元	1614
		风冷式排渣机+二级输送系统（含控制系统）	

序号	模块名称	技术条件	造价合计（万元）
三	B. 风冷式排渣机加二级输送系统，电瓶叉车运输石子煤	风冷式排渣机（含渣井、关断门），宽度 1400mm，连续出力 15t/h，最大出力 30t/h，排渣温度 150℃以下，2 台	
		碎渣机 40t/h，2 台	
		二级输送设备 40t/h，2 台	
		渣仓（露天）400m³，2 台	
		装车机 100t/h，4 台	
		电瓶叉车 2.5t，3 台	
四	水处理系统		
	1. 锅炉补给水处理系统		
	A. 一级反渗透系统	其中：建筑工程费 0 万元，设备购置费 1149 万元，安装工程费 1339 万元，价差 0 万元	2488
		2×70t/h 反渗透加 2×（100～140t/h）一级除盐加混床系统（含酸碱系统、中和池及除盐水箱等）	
	B. 二级反渗透系统	其中：建筑工程费 0 万元，设备购置费 1438 万元，安装工程费 1330 万元，价差 0 万元	2768

序号	模块名称	技术条件	造价合计（万元）
四	B. 二级反渗透系统	2×90t/h 两级反渗透加混床，（含酸碱系统、中和池及除盐水箱等）	
	C. 无反渗透系统	其中：建筑工程费 0 万元，设备购置费 881 万元，安装工程费 928 万元，价差 0 万元	1809
		过滤加一级除盐加混床系统，净出力为 100～140t/h（含酸碱系统，废水泵及除盐水箱等）	
	2. 循环水稳定处理系统		
	A. 加药处理	其中：建筑工程费 0 万元，设备购置费 76 万元，安装工程费 17 万元，价差 0 万元	93
		加酸、加阻垢剂处理	
	B. 无		0
	3. 循环冷却水加氯系统		
	A. 化学法制二氧化氯	其中：建筑工程费 0 万元，设备购置费 70 万元，安装工程费 17 万元，价差 0 万元	87
		出力 2×20kg/h	
	B. 电解海水制氯	其中：建筑工程费 0 万元，设备购置费 655 万元，安装工程费 1 万元，价差 0 万元	656

序号	模块名称	技术条件	造价合计（万元）
四	B. 电解海水制氯	电解海水制氯，设备容量为 2×130kg/h（可连续及冲击加氯），设计界限：电解制氯间墙中心线外 1m 处（含工艺设备及管道、阀门），制氯间内的电气及控制设备等	
	C. 循环冷却系统（淡水）电解食盐制氯	其中：建筑工程费 0 万元，设备购置费 135 万元，安装工程费 12 万元，价差 0 万元	147
		设备容量为 2×15kg/h（含电气控制）	
	D. 直流冷却（淡水）加次氯酸钠（外购）	其中：建筑工程费 0 万元，设备购置费 81 万元，安装工程费 38 万元，价差 0 万元	119
	4. 再生水（中水）深度处理系统		
	A. 无再生水（中水）处理		0
	B. 石灰凝聚、澄清、过滤处理（无除气装置，无曝气生物滤池）	其中：建筑工程费 2343 万元，设备购置费 5841 万元，安装工程费 82 万元，价差 0 万元	8266
		处理水量：4000～4500t/h	

序号	模块名称	技术条件	造价合计（万元）
四	B. 石灰凝聚、澄清、过滤处理（无除气装置，无曝气生物滤池）	设计界限：污水深度处理站界区中心线1m处，包括加消石灰、加凝聚剂、加氯、加硫酸pH调整系统，以及污泥浓缩池、脱水机，无除气装置及生物滤池，澄清池不封闭	
		处理后做循环水补充水及全厂工业用水、锅炉补给水水源	
		污水处理厂至电厂管道投资另计	
五	供水系统		
	A. 二次循环：取用地表水	其中：建筑工程费28 326万元，设备购置费3502万元，安装工程费15 995万元，价差5549万元	53 372
		单元制，压力水管2×DN3700，焊接钢管，管线总长 $L=1510m$	
		12 000m² 逆流式自然通风冷却塔2座，考虑防冻措施	
		循环水泵6台（立式斜流泵）；循环水泵房1座，进水间和泵房全封闭，下部结构29.2m×43m×10.5m（净尺寸，长×宽×深），地上结构57m×18.98m×18.5m（长×宽×高）	

序号	模块名称	技术条件	造价合计（万元）
五	A. 二次循环：取用地表水	补充水管 2×DN1000，焊接钢管，管道单线长度 L=15km	
		补给水泵 3 台，补给水泵房 1 座（土建按 5 台泵一次建成），下部结构 28.5m×27m×20m（净尺寸，长×宽×深），地上结构 28.5m×27m×10m（长×宽×高）	
		地表水净化站在厂内布置，处理容量 4×1400m³/h，采用二级处理工艺：斜管/板混凝沉淀+过滤（部分）	
	B. 海水直流供水	其中：建筑工程费 25 377 万元，设备购置费 6981 万元，安装工程费 6957 万元，价差 3005 万元	42 322
		取水头，2×7 根垂直立管	
		引水隧道，2×DN4200×1000m，盾构施工	
		循环水泵房 1 座，下部结构 46.9m×38.4m×22.1m（净尺寸长×宽×深），地上结构 19.7m×59.25m×23.1m（长×宽×高），沉井，循环水泵 4 台	

270

序号	模块名称	技术条件	造价合计（万元）
五	B. 海水直流供水	单元制，压力水管 2×DN3700×1200m，预应力混凝土管	
		虹吸井 2 座，23.4m×29.2m×11.2m	
		双孔钢筋混凝土排水沟 2×3.6m×3.6m×1000m	
		排水连接井 1 座，26.4m×15.4m×15m，沉井	
		钢筋混凝土排水隧道 2×DN4200×250m，盾构施工	
		排水口，2×7 根垂直立管	
		淡水取水泵房一座，水泵房设 3 台取水泵，土建按 4 台泵一次建成；补给水管 2×DN600×15km，地表水净化站在厂内布置，处理容量 3×400m³/h，采用二级处理工艺：斜管/板混凝沉淀+过滤（部分）	
	C. 直接空冷	其中：建筑工程费 24 080 万元，设备购置费 31 118 万元，安装工程费 17 541 万元，价差 4412 万元	77 151

序号	模块名称	技术条件	造价合计（万元）
五	主机直接空冷系统	机械通风直接空冷,每台机排汽主管管径为 $2×\phi7.6m$,空冷凝汽器为单排管,每台机空冷凝汽器面积 $2\,287\,058m^2$（1 台机组翅片总面积）	
		每机设变频调速低噪声风机 80 台,直径 9.144m,额定功率 110kW	
		2 台机组空冷平台尺寸 $227.4m×92m$,平台高度 50m（钢筋混凝土空心管柱、钢结构平台）	
		扩大单元制,压力钢管 $2×DN900$	
		辅机机冷却水配 $3×35\%$机力塔,尺寸 $3×15m×15m$	
		辅机循环水泵 3 台,辅机循环水泵房,30m×9m(包括配电间)（地上 8m,地下 5.5m）,进水前池长 18.4m,宽 7.6m,地下深 5.5m	
		地表水,$2×DN500×15km$ 补给水管,升压泵房 1 座,补给水泵 3 台,土建按 4 台一次建成,15m×30m（地上高 13m,地下深 13.29m）,仅是水泵间,不包括进水前池	

序号	模块名称	技术条件	造价合计（万元）
五	主机直接空冷系统	地表水净化站在厂内布置，处理容量 $3×500m^3/h$，处理工艺同 A（若以再生水作为辅机冷却水系统的补充水源，地表水处理容量适当减少）	
	给水泵汽轮机间接空冷系统	每台机组配 1 座自然通风给水泵汽轮机间接冷却塔及 1 座循环水泵房	
		每座塔内冷却器总散热面积 333 175m²（ 1 台机组翅片总面积），冷却三角数 70 个。翅片管排数 2 排，流程数 2	
		空冷塔支柱零米直径 94m；进风口高度 13.5m；喉部高度 116.61m；喉部直径 52m；出口高度 149.5m，出口直径 55m	
		每座循环水泵房尺寸 36m×9m（包括配电间），地上高 9.0m，地下深 4.1m；每座泵房内设 3 台循环水泵	

序号	模块名称	技术条件	造价合计（万元）
五	给水泵汽轮机间接空冷系统	高压厂用电电压采用 10kV 一级时，每台机组设 2 台 50/31.5－31.5MVA 高压厂用工作分裂变压器和 2 台 50/31.5－31.5MVA 有载调压高压厂用启动/备用分裂变压器；每台机组设 400V 空冷 PC6 段，由 8 台 2500kVA 空冷低压变压器供电（6 台运行 2 台备用）。高压开关柜短路电流分断能力为 40kA。空冷风机采用变频调速。增加空冷系统 380V 低压电力电缆约 80km，控制电缆约 40km	68 191
		其中：建筑工程费 25 703 万元，设备购置费 25 222 万元，安装工程费 12 405 万元，价差 4861 万元	
	D. 间接空冷	表凝式	
		间接空冷冷却塔从结构形式上分为三部分，基础部分、进风口支撑部分、通风部分，均为现浇钢筋混凝土结构；空冷塔零米直径 149.184m，空冷散热器外缘直径 160.10m，采用双曲线混凝土结构空冷塔高 204m，进风口高度 31.5m；散热器面积 234 万 m^2	

序号	模块名称	技术条件	造价合计（万元）
五	D. 间接空冷	其中基础部分包括：环基、X支柱支墩、冷却设备平台基础支撑墙、冷却设备平台基础，进风口支撑部分采用 X 支柱支撑，通风部分为双曲线型薄壳塔筒结构	
		每台空冷汽轮机配置一座空冷塔，被加热后的冷却水通过 3 台循环水泵经 DN3620 循环水管送入空冷塔的散热器中，冷却后的水通过 DN3620 循环水管返回凝汽器	
		空冷散热器采用引进制造技术生产的椭圆翅片管，采用大直径 6 排管（$\phi 25$）铝管铝翅片空冷散热器，空冷塔设置 12 个冷却扇段，180 个冷却三角，三角高度 28m，分区 12 个。系统包括散热器、百叶窗、电动执行机构、塔内循环水管道、阀门、管件等	
		塔内设置两个高位膨胀水箱，设置容积为 1300m^3 的地下储水箱两个，与空冷散热器的放空管道连接	

序号	模块名称	技术条件	造价合计（万元）
五	D. 间接空冷	主机循环冷却水系统 2 台机组配8台立式循环水泵和2座循环水泵房。厂区内循环水管道 1.26km	
		辅机冷却水系统采用带机械通风间冷塔的干冷系统，冷却系统为扩大单元制。每台机 1×1000MW 组配 5 段机械通风干冷塔、一条 DN800 辅机冷却进水母管、一条 DN800 辅机冷却回水母管、两台辅机冷却水泵、一座高位补给水箱。辅机冷却水泵和高位补给水箱布置在主厂房内，两台机组干冷塔的 10 个冷却单元两两"背靠背"布置	
		厂内净化站同直冷模块	
		补给水系统同直冷模块	
六	电气系统		
	1. 发电机出口断路器		
	A. 发电机出口不装设断路器		0

序号	模块名称	技术条件	造价合计（万元）
六	B. 发电机出口装设断路器	其中：建筑工程费0万元，设备购置费2215万元，安装工程费1万元，价差0万元	2216
		额定短路开断电流：对称开断分量160kA	
	2. 高压厂用电源		
	A. 分裂无载调压变压器	其中：建筑工程费0万元，设备购置费1219万元，安装工程费12万元，价差0万元	1231
		高压厂用电压采用6kV（或10kV），每台机组设1台82/48-48MVA分裂无载调压高压厂用变压器	
	B. 分裂与双卷无载调压变压器	其中：建筑工程费0万元，设备购置费1921万元，安装工程费23万元，价差0万元	1944
		高压厂用电压采用6kV（或10kV），每台机组设2台无载调压高压厂用变压器，1台58/34-34MVA，1台34MVA	
	3. 启动/备用电源		
	A. 1台分裂启动/备用变压器	其中：建筑工程费0万元，设备购置费978万元，安装工程费14万元，价差0万元	992

序号	模块名称	技术条件	造价合计（万元）
六	A. 1 台分裂启动/备用变压器	500kV 配电装置一级降压引接1台82/48-48MVA分裂有载调压启动/备用变压器	1500
	B. 分裂变压器与双卷高压启动/备用变压器	其中：建筑工程费0万元，设备购置费1474万元，安装工程费26万元，价差0万元	
		500kV 配电装置一级降压引接1组2台有载调压变压器作高压备用变压器，1台58/34-34MVA，1台34MVA	
	4. 升压站		
	A. 500kV屋外配电装置	其中：建筑工程费880万元，设备购置费1934万元，安装工程费311万元，价差0万元	3125
		3/2接线，2回进线，2回出线，高压启动/备用变压器通过500kV 断路器直接接至其中 1条母线，共7个断路器	
	B. 500kV屋内 GIS 配电装置	其中：建筑工程费584万元，设备购置费3218万元，安装工程费113万元，价差0万元	3915
		3/2接线，2回进线，2回出线，2个完整串，高压启动/备用变压器通过500kV 断路器直接接至其中1条母线，共7个断路器	

序号	模块名称	技术条件	造价合计（万元）
六	C. 750kV	其中：建筑工程费975万元，设备购置费8414万元，安装工程费929万元，价差0万元	10 318
		3/2接线，2回进线，2回出线，750kV SF$_6$柱式断路器6台，750kV高压电抗器3台，中性点小电抗器1台	
	D. 1000kV GIS配电装置	其中：建筑工程费1797万元，设备购置费32 881万元，安装工程费8140万元，价差0万元	42 818
		1回出线，与2回主变压器进线组成三角形接线	
七	热工控制系统		
	1. 生产期MIS		
	A. 小型机		850
		采用小型机双机热备+磁盘阵列	
		中心交换机能实现不同层交换路径负载均衡、具有多个千兆光纤端口、支持冗余配置、支持三层交换、满足VLAN划分要求等	

序号	模块名称	技术条件	造价合计（万元）
七	A. 小型机	系统软件满足小型机服务器对操作系统以及数据库的要求，具有网络管理、数据备份、防病毒等功能，系统安全性高	
		应用软件满足电厂日常信息管理要求，具有生产管理、经营管理、设备管理、燃料管理、办公管理等功能，并具有信息集成功能	
			750
	B. 微机服务器双机	主服务器具有中速响应、中速数据交换能力，保证信息系统不间断运行，采用微机双机热备+磁盘阵列	
		中心交换机支持三层交换、能实现不同层交换路径负载均衡、具有多个千兆光纤端口、支持冗余配置、满足 VLAN 划分要求等	
		系统软件满足微机服务器对操作系统以及数据库的要求，具有网络管理、数据备份、防病毒等功能，系统安全性高	

序号	模块名称	技术条件	造价合计（万元）
七	B. 微机服务器双机	应用软件满足电厂日常信息管理要求，具有生产管理、经营管理、设备管理、燃料管理、办公管理等功能，并具有信息集成功能	
	C. ERP方案		500
		主服务器具有中速响应、中速数据交换能力，保证信息系统不间断运行，采用微机双机热备＋磁盘阵列	
		中心交换机支持三层交换、能实现不同层交换路径负载均衡、具有多个千兆光纤端口、支持冗余配置、满足 VLAN 划分要求等	
		系统软件满足微机服务器对操作系统以及数据库的要求，具有网络管理、数据备份、防病毒等功能，系统安全性高	
		主要管理功能由集团公司统一部署的 ERP 或 EAM 完成，电厂侧只配置 ERP 或 EAM 系统功能外的管理软件	

序号	模块名称	技术条件	造价合计（万元）
七	2. 数字化燃料管理系统	范围：含入厂调度系统，制样化验系统编码机、扫码器，激光盘煤仪，视频监视、门禁管理系统，网络通信设备，数据接口设备，软件平台	
	A.	未设置数字化燃料管理系统	0
	B. 圆形煤场（火车运煤进厂）	2重2空火车入厂调度系统，2个煤场，每个煤场激光盘煤仪3套	540
	C. 圆形煤场（海运来煤）	2个煤场，每个煤场激光盘煤仪3套	460
	D. 条形煤场（火车运煤进厂）	2重2空火车入厂调度系统，1个煤场，煤场轨道式激光盘煤仪1套	340
	E. 条形煤场（海运来煤）	1个煤场，每个煤场轨道式激光盘煤仪1套	260
八	附属生产工程		
	1. 暖通及启动锅炉		
	A. 集中采暖区	其中：建筑工程费4331万元，设备购置费765万元，安装工程费997万元，价差0万元	6093
		有采暖系统，燃油，50t/h，1.27MPa，350℃，2台	

282

序号	模块名称	技术条件	造价合计（万元）
八	B. 非集中采暖区	其中：建筑工程费 3341 万元，设备购置费 408 万元，安装工程费 526 万元，价差 0 万元	4275
		无采暖系统，燃油，50t/h，1.27MPa，350℃，1 台	
	2. 氢气供应系统		
	A. 电解制氢	其中：建筑工程费 106 万元，设备购置费 524 万元，安装工程费 139 万元，价差 0 万元	769
		标准状态下 $2\times10m^3/h$ 电解制氢加干燥储存装置	
	B. 外购氢气供氢	其中：建筑工程费 91 万元，设备购置费 104 万元，安装工程费 29 万元，价差 0 万元	224
		标准状态下总储存量 1300～1500m^3，设置集装氢瓶及实验室检测仪表	
九	交通运输工程		
	A. 铁路运输（翻车机）	厂外铁路 12km，厂内铁路 4.5km	13 736

序号	模块名称	技术条件	造价合计（万元）
九	B. 海运，3.5万t级(结构兼顾5万t级）	码头平面，尺寸274×32m², 码头预应力管桩 D=1200mm, L=40～50m，透水栈桥，尺寸1125m×18.5m，引桥，600mm×600mm 预应力方桩（不含码头设备）	15 302
十	脱硫装置系统		
	1. 不同技术路线		
	A. 单塔双循环	造价范围说明：含设备、建筑、安装、其他费用、价差及基本预备费	24 817
	B. 双塔双循环	造价范围说明：含设备、建筑、安装、其他费用、价差及基本预备费	26 027
	2. 湿法脱硫主体		
	A. 湿法脱硫主体（不含GGH）		19 356
		燃煤收到基含硫量1.3%	
		燃煤低位发热量20 000kJ/kg	
		脱硫效率98.6%，吸收塔除尘效率50%	
		喷淋吸收塔2座	

序号	模块名称	技术条件	造价合计（万元）
十	A. 湿法脱硫主体（不含GGH）	事故浆液箱 1 座	
		氧化风机 4 台	
		循环泵 10 台	
		脱硫负荷由高压厂用工作母线引接，每台炉设低压脱硫变压器 2 台，互为备用，交流事故保安负荷由机组保安电源统一供给，设 1 组 110V 300Ah 直流蓄电池，单独设 1 套 20kVA 交流不停电电源（UPS）	
		主控制系统采用 2 套 FGD-DCS，脱硫闭路电视监视系统 1 套，火灾探测与报警系统 1 套，每台机组烟气连续监测装置（烟气进、出口）2 套，脱硫 pH 计、物位仪、电磁流量仪、浆液分析仪、电动/气动执行机构、变送器、测量元件等就地仪表 2 套	
		不含地基处理	
	3. 石灰石制备系统		
	A. 石灰石制浆（湿磨）		2958

序号	模块名称	技术条件	造价合计（万元）
十	A. 石灰石制浆（湿磨）	粒径不大于 20mm 的石灰石块进厂	
		脱硫岛内设湿磨制浆车间，直接制备石灰石浆液	
		湿式球磨机20t/h，2 台	
		混凝土石灰石块仓，一座，3 天储量	
			3812
	B. 石灰石制浆（干磨）	粒径不大于 30mm 的石灰石块进厂	
		脱硫岛内设中速磨机，20t/h，2 台	
		混凝土制石灰石粉仓，1 座，3 天储量	
		混凝土石灰石块仓，2 座，3 天储量	
		另设2 台低压变压器，互为备用	
			776
	C. 石灰石粉制浆	成品石灰石粉进厂	
		混凝土石灰石粉仓，厂内石灰石粉仓，1 座，3 天容量	

序号	模块名称	技术条件	造价合计（万元）
十	4. 石膏脱水系统		
	A. 皮带机脱水、石膏库房		1801
		真空皮带脱水机 36t/h，2 台	
		混凝土石膏库房，3 天容量	
		单点落料，行车整理	
	B. 皮带机脱水、石膏仓储放		2344
		真空皮带脱水机 36t/h，2 台	
		混凝土石膏仓，2 座，2 天容量	
		石膏仓卸料装置，84t/h，2 台	
	C. 无脱水，石膏浆液外送	石膏输送管线 3km 抛弃点高差起伏不大，不考虑抛弃泵后的抛弃输送管投资	700
	5. 脱硫废水处理系统		
	A. 不单独处理	送入电厂主体工程统一处理	693
	B. 单独处理回用	膜法	7497
	C. 单独处理排放	蒸发结晶	7900

序号	模块名称	技术条件	造价合计（万元）
十一	脱硝系统		
	A. 尿素方案	造价范围说明：含设备、建筑、安装、其他费用、价差及基本预备费	12 436
		催化剂的层数按初装 3 层设计	
		尿素储存、溶解、热解和输送系统及设备	
		省煤器和 SCR 均不设烟气旁路	
	B. 液氨方案	造价范围说明：含设备、建筑、安装、其他费用、价差及基本预备费	11 421
		催化剂的层数按初装 3 层设计	
		液氨的储备系统及设备（含液氨卸载装置及储罐）	
		省煤器和 SCR 均不设烟气旁路	

四、典型单位工程技术经济指标

工程名称	技术方案	主要工程量	2018参考造价（万元）
排烟冷却塔	排烟冷却塔采用钢筋混凝土双曲线自然通风冷却塔，由通风筒、人字柱、环型基础、水池、淋水架构、中央竖井（烟道支架）等组成。淋水面积4500m²；喉部标高90m；喉部直径44.284m；塔顶标高120m；塔顶直径47.201m，进风口标高7.8m，环板基础中心直径85.704m。 玻璃钢烟道由两部分组成：塔内烟道和塔外烟道；玻璃钢烟道管体由内衬层、结构层及外表面层构成；烟道直径5.2m，长度216m；玻璃钢烟道制作材料主要包括树脂、玻璃纤维及制品、促进剂、固化剂、调节剂等	基础10 600m³，筒壁9060m³，玻璃钢烟道216m	9211

工程名称	技术方案	主要工程量	2018参考造价（万元）
筒仓	筒仓内直径15m，高度34m，12m以下壁厚为400mm，12m以上为300mm；28.9～34.1m为设备间，基础埋深6m，基础底板厚2.5m，3座，储煤量3000t。 筒仓内设备：电磁振动给煤机、环式给煤机	基础3259m³，筒壁2664m³	2046
	筒仓内直径16m，高度32.4m，储煤量3000t，3座。 10.4m以下壁厚为500mm，10.4m以上为400mm；30～38m为设备间，基础埋深3.2m，基础底板厚2m。 筒仓内设备：电磁振动给煤机、环式给煤机	基础1872m³，筒壁3816m³	1821
	筒仓内直径18m，高度37m，储煤量5000t，无设备间及控制室，2座。 筒仓内设备：电磁振动给煤机、环式给煤机	基础2055m³，筒壁2689m³	1514

工程名称	技术方案	主要工程量	2018参考造价（万元）
筒仓	筒仓内直径30m，高度50m，储煤量20 000t，3座。 筒仓底板底标高−6.6m，厚2.8m；上部外筒壁外直径15m，顶标高50m，壁厚500mm，筒内设中心柱；铸石板内衬，锥斗顶部设钢锥冒；筒仓外设钢平台板及螺旋钢梯；含99m仓顶钢结构栈桥，栈桥尺寸8.5m×5.5m	基础12 000m³，筒壁12 276m³	7572
	筒仓内直径33m，高度47m，3.8m以下壁厚为600mm，3.8m以上为450mm，无设备间及控制室，基础埋深6.3m，基础底板厚2.7m，4座。 筒仓内设备：电磁振动给煤机、环式给煤机	基础15 157m³，筒壁18 919m³，微晶板内衬6275m²	10 476

工程名称	技术方案	主要工程量	2018参考造价（万元）
筒仓	筒仓内直径 36m，高度 50m，储煤量 30 000t，3 座。 筒仓底板底标高 −6.6m，厚2.8m；上部外筒壁外直径17.38m，顶标高 50m，壁厚600mm，筒内设中心柱；铸石板内衬，锥斗顶部设钢锥冒；筒仓顶板为钢梁浇制混凝土板，筒仓外设钢平台板及螺旋钢梯；含135m仓顶钢结构栈桥，栈桥尺寸 12.5m×6m	基础14 523m³，筒壁18 245m³	10 499
12 000m²海水冷却塔	淋水面积 12 000m²；塔高165m；2 座冷却塔。 塔内钢管计算至冷却塔池壁外 1m。 海水冷却塔塔筒外壁防腐仅考虑：塔顶以下 15m 范围。 海水塔防腐施工工艺： 中央竖井顶标高以上（表干区）：喷砂处理—封闭清漆一道—腻子二道—玻璃鳞片一道—面漆二道。	基础27 245m³，筒壁34 596m³，防腐面积257 024m²	28 993

工程名称	技术方案	主要工程量	2018参考造价（万元）
12 000m² 海水冷却塔	中央竖井顶标高以下（表湿区）：喷砂处理—封闭清漆一道—腻子二道—玻璃鳞片二道—面漆二道。 淋水构件架梁、柱表面：喷砂处理—封闭清漆一道—腻子二道—玻璃鳞片二道—面漆二道。 中央竖井、配水槽、压力进水构：喷砂处理—封闭清漆一道—腻子二道—玻璃鳞片二道—面漆二道。 人字柱、人字柱支墩、水池侧壁、水池底板：喷砂处理—封闭清漆一道—腻子二道—玻璃鳞片二道—面漆二道。 塔筒外表面：喷砂处理—封闭清漆一道—丙烯酸面漆二道。 海水塔塔筒内外壁防腐采用吊篮施工。 海水塔塔内现浇部分防腐（竖井、配水槽、压力水沟、人字柱等）采用搭设脚手架施工。 海水塔淋水构架梁、柱吊装至专门场地进行防腐施工	基础 27 245m³，筒壁 34 596m³，防腐面积 257 024m²	28 993

工程名称	技术方案	主要工程量	2018参考造价（万元）
13 000m² 海水冷却塔	淋水面积 13 000m²，塔高177m，2座冷却塔。 塔内钢管计算至冷却塔池壁外1m。 海水冷却塔塔筒外壁防腐仅考虑：塔顶以下15m范围。 海水塔防腐施工工艺： 中央竖井顶标高以上（表干区）：喷砂处理—封闭清漆一道—腻子二道—玻璃鳞片一道—面漆二道。 中央竖井顶标高以下（表湿区）：喷砂处理—封闭清漆一道—腻子二道—玻璃鳞片二道—面漆二道。 淋水构件架梁、柱表面：喷砂处理—封闭清漆一道—腻子二道—玻璃鳞片二道—面漆二道。 中央竖井、配水槽、压力进水构：喷砂处理—封闭清漆一道—腻子二道—玻璃鳞片二道—面漆二道。 人字柱、人字柱支墩、水池侧壁、水池底板：喷砂处理—封闭清漆一道—腻子二道—玻璃鳞片二道—面漆二道。 塔筒外表面：喷砂处理—封闭清漆一道—丙烯酸面漆二道。 海水塔塔筒内外壁防腐采用吊篮施工	基础29 085m³，筒壁36 472m³，防腐面积285 582m²	30 412

工程 名称	技术方案	主要 工程量	2018 参考 造价 （万元）
13 000m² 海水冷却塔	海水塔塔内现浇部分防腐(竖井、配水槽、压力水沟、人字柱等)采用搭设脚手架施工。 海水塔淋水构架梁、柱吊装至专门场地进行防腐施工	基础 29 085m³，筒壁 36 472m³，防腐面积 285 582m²	30 412
13 000m² 冷却塔	淋水面积 13 000m²，塔高 177m，2 座冷却塔。 塔内钢管计算至冷却塔池壁外 1m	基础 29 085m³，筒壁 36 472m³	22 951

五、燃煤机组火电工程结算性造价指数（2017～2018 年）

（一）编制说明

火电工程结算性造价指数是为工程概算的静态控制、动态管理使用的，用以计算火电工程各年度四项费用及综合造价因物价上涨及政策性调整而引起各项费用变化的动态指数。

1. 主要编制依据

（1）主要设备价格以中国电能成套设备有限公司资料为基础，并参考实际工程招标情况作了个别修改。

（2）建筑、安装工程主要材料价格采用北京地区 2018 年价格，其中安装材料的实际价格以电力建设工程装置性材料价格资料为基础，并结合 2018 年实际工程招标价格作了综合测算。人工工资、定额材料机械调整执行电力工程造价与定额管理总站《关于发布发 2013 版电力建设工程概预算定额 2018 年度价格水平调整的通知》（定额〔2019〕7 号）。

（3）定额采用国家能源局 2013 年 8 月发布的《电力建设工程概算定额》（2013 年版）、2016 年 11 月发布的《电力建设工程定额估价表》（2013 年版），部分项目采用《北京市建筑工程概算定额》。

（4）费用标准按照电力工程造价与定额管理总站《关于发布电力工程计价依据营业税改征增值税估价表的通知》（定额〔2016〕45 号）、2013 年 8 月由国家能源局发布的《火力发电工程建设预算编制与计算规定》（2013 年版），其他政策文件依照惯例使用至 2018 年年底止。

（5）指数计算时，技术条件及工程量均采用 2018 年水平。

（6）国产机组造价内已含少量必要的进口设备、材料费用，进口汇率按 1USD=6.863RMB，其相应的进口费用已计入设备材料费中，其中的关税按《中华人民共和国进出口关税条例》中的优惠税率计。

（7）指数测算中的价格只计算到静态投资，基本预备费率为 3%。

2. 编制范围

本指数测算内容中不包括下列内容：

（1）灰渣综合利用项目（指厂外项目）；

（2）厂外光纤通信工程；

（3）地方性的收费；

（4）项目融资工程的融资费用；

（5）价差预备费；

（6）建设期贷款利息。

（二）2017～2018 年结算性造价指数

序号	项目内容	2017 年造价（元/kW）	2018 年造价（元/kW）	修正后 2018 年造价（元/kW）	2017～2018 年造价指数（%）
一	2×350MW 新建				
1	建筑工程费用	1133	1149	1149	0.27
2	设备购置费用	1581	1583	1583	−0.55

序号	项目内容	2017年造价（元/kW）	2018年造价（元/kW）	修正后2018年造价（元/kW）	2017～2018年造价指数（%）
3	安装工程费用	728	726	726	−0.83
4	其他费用	579	580	580	−0.35
	合计	4021	4038	4038	−0.34
二	2×660MW 新建				
1	建筑工程费用	880	883	883	0.36
2	设备购置费用	1503	1496	1496	−0.44
3	安装工程费用	672	665	665	−1.06
4	其他费用	456	455	455	−0.38
	合计	3512	3499	3499	−0.35
三	2×1000MW 新建				
1	建筑工程费用	772	774	774	0.27
2	设备购置费用	1411	1403	1403	−0.59
3	安装工程费用	659	653	653	−0.84
4	其他费用	392	391	391	−0.19
	合计	3234	3221	3221	−0.39

注 修正后 2018 年造价指在 2018 年造价基础上，按 2018 年与 2017 年非价格因素变化进行调整后的造价。

六、燃气–蒸汽联合循环机组
工程参考造价指标

（一）编制说明

1. 机组配置

（1）9F 级：纯凝机组为 2 台燃气轮机组+2 台余热锅炉+2 台蒸汽轮机组（一拖一）+2 台发电机组，供热机组为 2 台燃气轮机组+2 台余热锅炉+1 台蒸汽轮机组（二拖一）+1 台发电机组。纯凝机组和供热机组对应的整套机组 ISO 工况容量分别为 950MW 和 950MW。

（2）9E 级：2 台燃机发电机组+2 台余热锅炉+2 台汽轮发电机组（一拖一），燃用天然气时单套机组 ISO 工况容量 191MW。

2. 主要编制依据

（1）9F 级和 9E 级主要设备价格参考近期同类设备合同价。

（2）建筑、安装工程主要材料价格采用北京地区 2017 年价格，其中安装材料的实际价格以电力建设工程装置性材料价格资料为基础，并结合 2018 年实际工程招标价格作了综合测算。人工工资、定额材料机械调整执行电力工程造价与定额管理总站《关于发布发 2013 版电力建设工程概预算定额 2018 年度价格水平调整的通知》（定额〔2019〕7 号）。

（3）定额采用国家能源局 2013 年 8 月发布的《电力建设工程概算定额》（2013 年版）、2016 年 11 月发布的《电力建设工程定额估价表》（2013 年版），部分项目采用《北京市建筑工程概算定额》。

（4）费用标准按照电力工程造价与定额管理总站《关于发布电力工程计价依据营业税改征增值税估价表的通知》（定额〔2016〕45 号）2013 年 8 月由国家能源局发布的《火力发电工程建设预算编制与计算规定》（2013 年版），其他政策文件依照惯例使用至 2018 年底止。

（5）国产机组造价内已含少量必要的进口设备、材料费用，进口汇率按 1USD=6.863RMB，其相应的进口费用已计入设备材料费中，其中的关税按《中华人民共和国进出口关税条例》中的优惠税率计。

（6）抗震设防烈度按 7 度考虑。

3. 编制范围

本指标不包括的内容：

（1）厂外光纤通信工程；

（2）地方性收费；

（3）项目融资工程的融资费用；

（4）价差预备费；

（5）建设期贷款利息。

（二）燃气-蒸汽联合循环机组参考造价指标

机组容量			2018 年参考造价指标（元/kW）
2×400MW 等级燃气机组（9F 级纯凝）	一拖一	新建	2120
		扩建	2057
2×400MW 等级燃气机组（9F 级供热）	二拖一	新建	2250
		扩建	2183

机组容量			2018 年参考造价指标（元/kW）
2×180MW 等级燃气机组（9E 级）	一拖一	新建	2781
		扩建	2698

（三）各类费用占指标的比例

机组容量	建筑工程费用（%）	设备购置费用（%）	安装工程费用（%）	其他费用（%）	合计（%）
2×400MW 级燃气机组（9F 级纯凝）	14.72	58.90	11.20	15.18	100
2×400MW 级燃气机组（9F 级供热）	16.04	57.00	11.84	15.12	100
2×180MW 级燃气机组（9E 级）	14.52	57.75	12.96	14.78	100

（四）燃气–蒸汽联合循环机组设备参考价格

序号	设备名称	规格型号	设备台套单位	2018 年参考价（万元）
一	400MW 等级燃气机组（9F）			
1	燃气轮机	M701F4 型	台	26 700

序号	设备名称	规格型号	设备台套单位	2018年参考价（万元）
2	燃气轮机	GE-9F05型	台	24 100
3	燃气轮机	SGT5-4000F型	台	23 000
4	余热锅炉	卧式三压再热自然循环	台	7700
5	蒸汽轮机	三压、再热、双缸、向下排汽，额定功率300MW	台	10 000
6	蒸汽轮机	三压、一次再热、抽凝、双缸型、下排汽。高压蒸汽346.2t/h、11.03MPa(a)/565℃	台	6500
7	发电机	THDF 108/53型，474MW水氢氢	台	6850
8	燃机发电机	额定功率300MW	台	4645
9	汽轮发电机	QFSN-300-2型	台	4100
10	汽轮发电机	额定功率150MW，额定电压13.8kV，空冷	台	2055
11	电动双梁桥式起重机	起重量120/35t，跨度41m	台	300

序号	设备名称	规格型号	设备台套单位	2018年参考价（万元）
12	调压站	天然气流量：标准状态下135 300m³/h； 进口设计压力：5.3MPa（g）； 出口设计压力：3.65±0.15MPa（g）	台	1500
13	增压站	天然气流量：标准状态下190 884m³/h； 进口设计压力：约2.9MPa（g）； 出口设计压力：约3.2±1%MPa（g）	台	4750
14	主变压器	480MVA，220kV，三相无载调压	台	1330
15	高压厂用变压器	25MVA/21kV	台	275
16	高压厂用变压器	16MVA/21kV	台	200
17	分散控制系统	配套M701F4型燃气轮机	套/台机	810
18	分散控制系统	配套GE-9F05型燃气轮机	套/台机	620
19	分散控制系统	配套SGT5-4000F型燃气轮机	套/台机	720

序号	设备名称	规格型号	设备台套单位	2018年参考价（万元）
二		180MW 等级燃气机组（9E）		
20	燃气轮机	M701DA 型，燃料为天然气，国产设备	台	16 100
21	燃气轮机	PG9171E 型，燃料为天然气，国产设备	台	13 350
22	燃气轮机	SGT5-2000E 型，燃料为天然气，国产设备	台	16 500
23	燃机发电机	QF-165-2-15.75 型，150MW	台	2500
24	燃机发电机	QFR-135-2J 型	台	1910
25	燃机发电机	QF-180-2 型	台	3480
26	余热锅炉	NG-M701DA-R 型	台	4300
27	余热锅炉	Q1181.4/545.4-190.5 型	台	3250
28	蒸汽轮机	LCZ60-5.8/0.98/0.58 型	台	2500
29	蒸汽轮机	LZCC81-7.8/2.3/1.3/0.6 型	台	4100
30	汽轮发电机	QF-78-2-10.5 型，78MW	台	1130
31	汽轮发电机	QFJ-60-2	台	830

序号	设备名称	规格型号	设备台套单位	2018年参考价（万元）
32	汽轮发电机	QF－100－2	台	1810
33	桥式起重机	75/20T	台	110
34	桥式起重机	50/20t	台	85
35	桥式起重机	50/10t	台	70
36	调压站	天然气流量：标准状态下 82 000m³/h	台	800
37	循环水泵	Q=9000 ～ 12 500m³/h，H=28～23m	台	120
38	燃气轮机主变压器	220kV，180MVA	台	565
39	燃气轮机主变压器	220kV，160MVA	台	470
40	蒸汽轮机主变压器	220kV，100MVA	台	400
41	蒸汽轮机主变压器	220kV，80MVA	台	320
42	高压启动/备用变压器	SFZ10－8000/220	台	170

序号	设备名称	规格型号	设备台套单位	2018 年参考价（万元）
43	高压厂用变压器	SF10－8000/13.8	台	50
44	分散控制系统	配套 M701DA 型燃气轮机	套/台机	325
45	分散控制系统	配套 GE－9F05 型燃气轮机	套/台机	360
三	450MW 等级燃气机组（9H）			
46	燃气轮机、燃机发电机、余热锅炉	SGT5－8000H 型，燃气轮机年平均供热工况出力425MW 燃机发电机：额定功率425MW 三压、再热、无补燃、卧式、自然循环，主汽蒸汽量433t/h	套	54 450
47	蒸汽轮机	三压、再热，额度功率230MW	台	9000
48	汽轮发电机	纯凝工况出力 230MW	台	3000

（五）燃气–蒸汽联合循环机组基本技术组合方案

1. 9F 级燃气–蒸汽联合循环机组（SCC5–4000F）

序号	系统项目名称	新　建
1	容量400MW 级	一拖一，单轴，燃用天然气，2 套
2	主厂房区布置	每套机组单独布置，燃气轮机、发电机和汽轮机为单轴纵向顺序布置，主厂房钢结构，余热锅炉露天布置，主厂房跨度29m，厂房长 53.3m，运转层标高 4.5m
3	燃气轮机	SGT5–4000F 型；9F 型，燃用天然气，2 台。无旁路烟道。单套联合循环发电功率475MW（ISO 工况），474MW（性能保证工况）
4	蒸汽轮机	三压、再热、双缸（高压缸和中低压缸）、轴向排汽。主汽压力 12.473MPa、主汽/再热温度 560/549.7℃
5	发电机	THDF108/53 型；水氢氢，铭牌出力474MW/498MVA；静止励磁系统，从发电机端通过励磁变压器引接
6	余热锅炉	卧式、三压、再热、无补燃、自然循环、露天布置。配 1 座烟囱，高 60m，内径 7.6m

序号	系统项目名称	新　建
7	热力系统	高、中、低压三级给水系统。高中压合泵，高中压给水泵采用 2 台 100%容量离心式调速给水泵，1 运 1 备。2 台 100%容量凝结水泵，1 运 1 备。2 台 100%容量闭式冷却水泵，2 台 100%容量闭式冷却器，1 运 1 备。2 台 100%容量开式循环冷却水泵，1 运 1 备。电动双梁桥式起重机 370t/140t/16t/2t，1 台。设高、中、低压三个 100%旁路
8	空压机站	配 4 台空压机 4×15m³/min
9	启动锅炉	启动锅炉 1×20t/h
10	暖通系统	主厂房采用直接蒸发式空气处理机组
11	天然气处理系统	天然气处理系统范围：电厂围墙外 1m 天然气管道—厂区内天然气调压站—燃气轮机。天然气处理系统包括紧急隔断，过滤、调压及计量功能。设调压站 1 座，调压站内的调压支路按单元制设置，每台机组 1 个单元设 2 路调压支路，1 路工作线 1 路备用线
12	化学水处理	锅炉补给水系统采用全膜法处理工艺，系统净出力 2×40t/h；给水、炉水加药及水汽取样系统包括在余热锅炉岛内；循环水加 ClO_2，制二氧化氯系统出力 2×10kg/h；循环冷却水设加酸、加稳定剂系统；制氢系统标准状态下 1×10m³/h，并设干燥、储存设施；工业废水处理系统按分散处理、集中排放考虑

序号	系统项目名称	新　　建
13	供水方式	采用扩大单元制二次循环供水系统
14	冷却水塔	每台机配逆流式自然通风冷却塔 1 座，冷却塔淋水面积为 3000m²
15	循环水系统	二台机共用 1 座循环水泵房，下部结构 29.14m×20.1m×9.0m（长×宽×深），上部结构 12.8m×37.38m×14.5m（长×宽×高），大开挖施工。泵房内安装 4 台循环水泵（立式斜流泵），水泵特性参数 Q=3.3m³/h，H=23m；电动机 N=1100kW，U=6000V。循环水压力钢管采用焊接钢管；2×DN2000mm，总长 L=2×700m
16	补给水系统	补给水为地表水，补给水量为 1200m³/h，四台机合建一座补给水泵房。本期 3 台补给水泵，2 用 1 备，补给水泵参数 Q=600m³/h，H=35m；电动机 N=95kW，U=380V。下部结构 15m×19.0m×8m（长×宽×深），上部结构 18m×9m×8m（长×宽×深），大开挖施工。地表水处理站采用斜管式沉淀池 2×800t/h+部分滤池方案
17	补给水管线	补给水管 1×DN600，管线长度 L=5km

序号	系统项目名称	新　建
18	电气系统	主接线为 220kV 双母线，出线 4 回，采用 220kV 户内 GIS，配电装置 10 个间隔（8 个断路器间隔和 2 个 TV+避雷器间隔）。主变压器是 SFP-480 000/220 型（原则应与机组容量匹配），2 台三相主变压器；发电机出口设断路器。每套联合循环机组设 1 台高压厂用变压器，接在相应机组发电机出口，容量选用 20MVA。2~4 套联合循环机组共设 1 台 20MVA 高压厂用/备用变压器。设置 2 套燃气轮机变频启动装置。每套燃气轮机机组设置 1 台 1200kW 柴油发电机组。每套燃气轮机设 1 台 80kVA 不停电电源装置
19	系统二次	线路保护、母线保护按双重化配置。配置断路器保护。线路故障录波器 1 台。行波测距装置 1 套。保护及故障录波信息管理子站 1 套。安全稳定控制装置按双重化配置。远动与网控统一考虑。配置 AGC/AVC 测控柜 1 套。500kV 出线侧、启动/备用变压器高压侧配置主/校、0.2S 级关口表；机组出口侧配置单、0.5S 级考核表；电能表处理器 1 套，计费小主站 1 套。调度数据网接入设备 1 套。二次系统安全防护设备 1 套。功角测量装置 1 套。电厂竞价辅助决策系统 1 套。发电负荷考核系统 1 套。配置 2 套 SDH 622Mbit/s 光端机。载波通道 4 路。96 门调度程控交换机 1 台。-48V 高频开关电源 2 套，500AH 蓄电池 2 组。至调度端 PCM 2 对。通信机房动力环境监视纳入电厂网控系统统一考虑

续表

序号	系统项目名称	新　建
20	控制系统	全厂设 1 套 MIS 和 1 套 SIS（根据工程实际情况可设置厂级 DCS 系统）、1 套工业闭路电视监视系统。每台机组设 1 套 DCS。设辅助车间集中监控网络
21	交通运输工程	公路进厂，三级厂矿道路标准，厂外 5km
22	土建及岩土工程	
（1）	厂址条件	厂区占地 11hm²，厂址位于非采暖区，基本地震烈度为 7 度。采用 ø600 钻孔灌注桩，桩长 16m，桩数 963 根
（2）	厂区土石方工程及地基处理	土石方 25 万 m³
（3）	主厂房结构形式及体积	主厂房采用钢结构，主厂房体积 140 377m³
（4）	GIS 楼	钢筋混凝土地下结构
（5）	水处理车间	钢筋混凝土框架
（6）	调压站	轻钢结构

序号	系统项目名称	新　建
（7）	材料库及检修间	4000m²
（8）	生产附属及公共福利工程	办公楼2400m²、食堂500m²、浴室200m²、招待所600m²、夜班宿舍900m²、检修公寓1200m²

2. 9F 级燃气–蒸汽联合循环供热机组（西门子 SGT5–4000F）

序号	系统项目名称	新　建
1	容量400MW级	二拖一，多轴，燃用天然气，1套
2	主厂房区布置	燃气轮机采用低位布置、蒸汽轮机采用高位布置。燃机房和汽机房的钢结构各自独立。燃机房跨度为 36.98m，长为80m，燃机房占地面积为36.98m×80m。汽机房和热网站为一体建筑，跨度为 58m，其中汽机区域长度为35m，热网站长度为15.5m，总占地面积为58m×50.5m。余热锅炉为立式锅炉，采用封闭结构
3	燃气轮机	SGT5–4000F 型；9F 型，燃用天然气，二台。无旁路烟道。整套联合循环总出力，ISO 工况950MW

序号	系统项目名称	新　　建
4	蒸汽轮机	三压、再热、双缸、向下排汽、可背压可纯凝运行，高中压合缸、低压缸双分流、双缸双排汽、下排汽。主汽压力 12.452MPa、主汽/再热温度545/540℃
5	发电机	QFSN-300-2 型；水氢氢，出力300MW/353MVA（3 台）。静止励磁系统，从发电机端通过励磁变压器引接
6	余热锅炉	立式、自然循环、三压、无补燃、全封闭布置。配 2 座烟囱，出口标高80m，内径 6.5m
7	热力系统	高、中压两部分组成。高压给水泵采用 2 台 100%容量液力耦合调速给水泵，中压给水泵采用 2 台 100%容量变频调速给水泵；凝结水泵 3 台 55%容量凝结水泵；闭式冷却水系统设 2台 65%容量的闭式水板式换热器和 2台 100%容量的闭式冷却水泵；循环水系统设置2台100%容量开式冷却水泵。170/35/20t 和 80/20t 行车各 1 台。每台余热炉设高、中、低压三个 100%旁路，汽轮机配 1 台 100%容量的中排旁路
8	热网系统	2 台烟气水水换热器，额定换热量52MW;2台热网疏水冷却器和 4 台热网加热器,额定换热量175MW，管式、并联布置。热网循环水泵采用一级泵升压的方式，两台机组共设置 4 台热网循环水泵，液力耦合器调速

序号	系统项目名称	新　　建
9	空压机站	配 4 台喷油螺杆空压机 32.6m³/min
10	启动锅炉	启动锅炉 1×20t/h
11	暖通系统	主厂房和余热锅炉房采用热水采暖方式，厂区采暖单独设置加热站。厂区设置一个集中制冷加热站。主厂房和余热锅炉房夏季通风系统采用自然进风、机械排风的通风方式。发电机励磁小间和燃气轮机励磁小间设空调降温设备，同时设置事故通风系统。集中控制室、电子设备间分别设置全空气式全年性集中空调系统
12	天然气处理系统	天然气处理系统范围：电厂围墙外 1m 天然气管道至厂区天然气增压机，将天然气压力提升到燃气轮机需要的压力调压站至燃气轮机。天然气增压机 2 台，标准状态下流量 80 000m³/h，进口压力 2.2MPa（a），出口压力 2.9MPa（a），转速 3000r/min，入口导叶调节范围 0～70%，电动机功率 2000kW，电动机电压 6000V，密封气介质：氮气

序号	系统项目名称	新　　建
13	化学水处理	锅炉补给水处理系统采用"全膜法"处理工艺，热网补充水拟与锅炉补给水处理系统统一考虑，采用一级 RO 出水经除碳后补入热网系统，水处理系统的容量 UF 系统按 4×65t/h 设计，一级 RO 系统按 4×50t/h 设计，二级 RO 及 EDI 分别按 2×27t/h、2×25t/h 设计；给水、炉水加药及水汽取样系统包括在余热锅炉岛内；循环冷却水采取加硫酸、稳定剂和杀生剂的联合处理方式；本工程外购氢气，厂内设供氢站存放周转氢瓶；工程不设工业废水集中处理站，仅设置容量约 1000m³ 的废水池 2 座，废水在废水储存池内进行曝气、氧化和 pH 值调节，然后送至城市污水处理厂
14	供水方式	本期工程采用带有冷却塔的循环供水系统。一套联合循环机组配 10 格，17.5m×16m 的机力通风冷却塔，单格冷却水量 4500m³/h，P=220kW，D=9750mm，设置 4 台循环水泵，冷却塔出水口设有平板滤网，每个流道设有平板液压钢闸门

序号	系统项目名称	新　　建
15	循环水系统	设置 1 座循环水泵房，设有控制室及配电间。水泵房的长度为 31.8m，水泵间的宽度为 15m，其地下部分深 8.0m，地上部分高约 15m，泵房占地面积为 31.8m×15m；泵房大门考虑进车要求，可将水泵或电动机及部件外运检修。配电间尺寸 9m×6m×3m，布置在循环水泵房北侧，控制室布置在配电间二层，高度按 3m 计。泵房内安装 2 台循环水泵及电机，Q=6.0m³/s，H=26m，P=1600kW，U=6000V，2 台冬季循环水泵及电动机 Q=1.36m³/s，H=26m，P=750kW，U=6000V。 　循环水压力钢管采用焊接钢管 2×DN2000mm，总长 L=2×500m
16	补给水系统	电厂生产补给水采用城市再生水，非采暖季总补给水量需 1026m³/h，水源采用污水处理厂供水，其分界线在电厂围墙中心线外 1.0m 处，其接口处的设计供水量为 1130m³/h，供水水压不小于 0.1MPa。电厂直接从该接口处引水，经流量计量装置后，分别接入循环水泵房前池和生产给水蓄水池内
17	补给水管线	补给水管 1×DN600，管线长度 300m；补给水管 1×DN400，管线长度 250m

序号	系统项目名称	新　建
18	电气系统	本期三台机组，以发电机－变压器－线路组方式通过3回220kV电缆送出，发电机经主变压器升压至220kV GIS配电装置。主变压器为：三台三相，油浸，额定容量380MVA，$242\pm2\times2.5\%/20kV$。 发电机中性点经单相接地变压器（二次侧接电阻）接地。发电机与主变压器之间的连接采用全链式分相封闭母线，高压厂用变压器和励磁变压器由发电机与主变压器低压侧之间引接。 本工程燃机发电机出口装设断路器，汽轮发电机出口不装设断路器。 厂内220kV配电装置不设母线，三台机组共计三个间隔。 机组的启动是由220kV系统通过燃气轮机回路的主变压器、高压厂用变压器倒送至厂用电系统。 两台高压厂用变压器相互备用，为：三相双绕组变压器，油浸，额定容量38MVA，$20\pm8\times1.25\%/6.3kV$。 每台燃机发电机组设置一套630kW/788kVA柴油发电机组。 全厂机组设置两套交流不间断电源（UPS），额定容量为80kVA

序号	系统项目名称	新　　建
19	系统二次	线路保护、母线保护按双重化配置。配置断路器保护。线路故障录波器 1 台。行波测距装置 1 套。保护及故障录波信息管理子站 1 套。安全稳定控制装置按双重化配置。远动与网控统一考虑。配置 AGC/AVC 测控柜 1 套。220kV 出线侧、启动/备用变压器高压侧配置主/校、0.2S 级关口表；机组出口侧配置单、0.5S 级考核表；电能表处理器 1 套，计费小主站 1 套。调度数据网接入设备 1 套。二次系统安全防护设备 1 套。功角测量装置 1 套。电厂竞价辅助决策系统 1 套。发电负荷考核系统 1 套。配置 2 套 SDH 622Mbit/s 光端机。载波通道 4 路。96 门调度程控交换机 1 台。−48V 高频开关电源 2 套，500AH 蓄电池 2 组。至调度端 PCM 2 对。通信机房动力环境监视纳入电厂网控系统统一考虑
20	控制系统	联合循环机组的控制系统将采用一套分散控制系统（DCS），全厂设 1 套 MIS 和 1 套 SIS，设置 1 套工业闭路电视监视系统。每台燃机发电机组配置一套 TCS。设辅助车间集中监控网络
21	交通运输工程	
（1）	公路	无

序号	系统项目名称	新　　建
22	土建及岩土工程	
（1）	厂址条件	厂区占地 9.76hm²，厂址位于采暖区，基本地震烈度为 8 度。燃气轮机基础采用 φ600 钻孔灌注桩，桩长 11.5m，桩数 170 根
（2）	厂区土石方工程及地基处理	土石方 25 万 m³
（3）	主厂房结构形式及体积	主厂房采用钢结构，主厂房体积 144 249m³，集中控制楼 26 879m³
（4）	GIS 楼	钢筋混凝土地下结构
（5）	水处理车间	钢筋混凝土框架
（6）	调压站	钢筋混凝土框架结构，体积 19 924m³
（7）	材料库及检修间	4000m²
（8）	生产附属及公共福利工程	办公楼 2400m²、食堂 500m²、浴室 200m²、招待所 600m²、夜班宿舍 900m²、检修公寓 1200m²

3. 9E 级燃气–蒸汽联合循环机组

序号	系统项目名称	新　　建	扩建
1	容量 180MW 级	一拖一多轴，2 套	

序号	系统项目名称	新　　建	扩建
2	热力系统	高、低压二级给水系统。高压给水泵采用 2 台 100%容量离心式定速给水泵，1 运 1 备。低压给水泵采用 2 台 100%容量离心式定速给水泵，1 运 1 备。2 台 100%容量凝结水泵，1 运 1 备。2 台 100%容量闭式冷却水泵，1 运 1 备；2 台 100%容量闭式冷却器，1 运 1 备。2 台 100%容量闭式循环冷却水泵，1 运 1 备。设高、低压二个 100%旁路	同左
3	燃气轮机	PG9171E 型，燃用天然气，2 台。配有旁路烟道等辅助设施。基本进口。单套联合循环总出力，ISO 工况 191MW（燃天然气）	
4	余热锅炉	卧式、自然循环、双压、高压 190.3t/h、低压 36.1t/h、露天、无补燃、2 台。每炉 1 台除氧器及 4 台给水泵。每炉配高、低压炉水循环泵各 1 台，并配 1 座炉顶烟囱，高 60m	
5	蒸汽轮机	QFW－60－2 型，高压、单缸、双压、无再热、下排汽、单轴抽汽凝汽式，2 台，功率 60MW	

序号	系统项目名称	新　建	扩建
6	燃机发电机	额定功率因数 0.8，额定电压 15kV，冷却方式：空冷，短路比 0.52，旋转硅整流无刷励磁，2 台，额定功率 131MW	
7	汽轮发电机	额定功率 60MW，额定功率因数 0.8，额定电压 10.5kV，冷却方式：空冷，2 台	
8	主厂房区布置	余热锅炉露天布置，除氧器及高低压给水泵等布置在余热锅炉框架内；燃机发电机组、汽轮发电机组、控制室等屋内布置，全厂公用	
9	暖通系统	主厂房屋顶风机排风，集控室 4 台恒温恒湿柜式空调器	同左
10	空压站与启动锅炉	配 4 台 $15m^3/min$ 仪用、厂用空压机。无启动锅炉	
11	天然气处理系统	天然气处理系统范围：电厂围墙外 1m 天然气管道至厂区内天然气调压站至燃气轮机。天然气处理系统包括紧急隔断，过滤、调压及计量功能。设调压站 1 座，调压站内的调压支路按单元制设置，每台机组 1 个单元设 2 路调压支路，1 路工作线 1 路备用线	同左

序号	系统项目名称	新　　建	扩建
12	水处理系统	锅炉补给水处理系统采用超滤加二级反渗透加 EDI，出力 4×75t/h；凝结水精处理系统；循环水稳定杀生处理；化验室；给水、炉水加药系统；汽水取样系统，工业废水集中处理系统	
13	供水系统方式	二次循环供水系统，母管制	同左
14	循环水管	循环水管 D1620，总长度640m，钢管	同左
15	冷却塔	机械通风冷却塔 6 格，每格冷却水量4700t/h，风机直径9.75m	同左
16	循环水泵房	循环水泵 4 台，集中循环水泵房 1 座，循环水泵房及进水间(地下) 18m×19.5m×7.8m(长×宽×深)，大开挖施工	同左
17	补给水系统	补给水泵 3 台，Q=350m³/h，H=40m。补给水泵房 1 座。补给水量 700t/h，土建按 4 套建，大开挖施工。补给水管单根，总长5km，DN500，钢管	增加1台补给水泵
18	水预处理	采用地表水，采用斜管沉淀＋滤池工艺（部分），2×450t/h	同左

序号	系统项目名称	新　　建	扩建
19	电气系统	电气主接线为 220kV 双母线，出线 2 回，采用 GIS，9 个间隔（7 个断路器间隔和 2 个 TV+避雷器间隔）。燃机发电机与主变压器之间装设断路器，汽轮发电机与主变压器之间不装设断路器。燃机发电机主变压器 SFP10-180 000/220 型，180MVA，2 台；汽轮发电机主变压器 SFP10-80 000/220 型，80MVA，2 台。每套联合循环机组的高压厂用变压器接在相应机组的汽轮发电机出口，容量选用 SZ10-10 000/10，10MVA。2 套机组的 2 台高压厂用工作变压器互为备用，不设置高压备用变压器	同左
20	系统二次	线路保护、母线保护按双重化配置。配置断路器保护。线路故障录波器 1 台。行波测距装置 1 套。保护及故障录波信息管理子站 1 套。安全稳定控制装置按双重化配置。远动与网控统一考虑。配置 AGC/AVC 测控柜 1 套。220kV 出线侧、启动/备用变压器高压侧配置主/校、0.2S 级关口表；机组出口侧配置单、0.5S 级考核表；电能表处理器 1 套，计费小主站 1 套。调度数据网接入设备	同左，已有系统按扩容考虑

序号	系统项目名称	新　建	扩建
20	系统二次	1套。二次系统安全防护设备 1套。功角测量装置 1套。电厂竞价辅助决策系统 1套。发电负荷考核系统 1套。配置 2套 SDH 622Mbit/s 光端机。载波通道 2路。96 门调度程控交换机 1台。-48V 高频开关电源 2套，500AH 蓄电池 2组。至调度端 PCM 2对。通信机房动力环境监视纳入电厂网控系统统一考虑	同左，已有系统按扩容考虑
21	控制系统	全厂设 1套 MIS、1套工业闭路电视监视系统。每台机组设 1套 DCS，每台燃气轮机随机供 1套控制系统 MarK-VI（进口），每台蒸汽轮机随机供 1套专用的控制系统。设辅助车间集中监控网络	MIS、辅助车间网进行扩容，控制系统同左
22	交通运输工程	公路进厂，三级厂矿道路标准，厂外 5km	
23	土建及岩土工程		
(1)	厂址条件	厂区占地 9hm²，厂址位于非采暖区，基本地震烈度为 7度，采用 PHC 桩，长 25m，ϕ400；辅助建筑及油罐区位于填方区，需进行必要的地基处理	

序号	系统项目名称	新　　建	扩建
（2）	地基处理	采用ϕ400 PHC桩，桩长23～26m，桩数1096根	同左
（3）	厂区土石方工程	土石方20万m³	
（4）	主厂房结构形式及体积	主厂房钢筋混凝土框架结构，主厂房体积53 556m³	
（5）	水处理车间	钢筋混凝土框架	
（6）	材料库及检修间	2500m²	
（7）	综合办公楼	1500m²	

（六）燃气–蒸汽联合循环机组案例

以 9F 级燃气–蒸汽联合循环机组（一拖一，抽凝背）为例介绍：

（1）参考造价。

机组容量	机组类型	2018年造价（元/kW）
2×400MW 等级燃气机组（9F级，抽凝背）	一拖一，多轴	2208

（2）技术条件。

序号	系统项目名称	新　　建
1	容量400MW级	一拖一，多轴，燃用天然气，2套。可背压、抽凝、纯凝运行的F级燃气-蒸汽联合循环供热机组，包括2台燃机发电机组、2台余热锅炉和2台汽轮发电/供热机组，高中压蒸汽轮机模块和低压模块之间采用SSS离合器连接；年平均气温性能保证工况下单套机组发电功率为453.6MW，额定供热性能保证工况发电功率405.9MW
2	主厂房区布置	燃气-蒸汽联合循环机组采用双轴配置，主厂房从固定端往扩建端依次横向布置1号燃机发电机组、1号汽轮发电机组、2号汽轮发电机组、2号燃机发电机组。余热锅炉与燃机发电机中心对齐。燃机发电机组、汽轮发电机组采用"低-高-低"布置，燃机发电机组为零米布置，汽轮发电机组为高位布置，汽轮机为下排汽配置
3	燃气轮机	SGT54 000F重型燃气轮机，9F型，燃用天然气，二台。ISO工况整套联合循环总出力为950MW
4	蒸汽轮机	采用带SSS离合器的三压、双缸、再热、下排汽、抽凝汽式汽轮机，可背压式运行

序号	系统项目名称	新　建
5	发电机	2台燃机发电机,额定功率311.95MW,3000r/min,额定电压20kV,功率因数0.85,空冷;2台汽轮发电机,额定功率144MW,3000r/min,额定电压20kV,功率因数0.85,空冷
6	余热锅炉	余热锅炉采用卧式、无补燃、三压、再热、自然循环汽包锅炉
7	热力系统	高、中、低压蒸汽系统采用单元制。设高、中、低压三个100%旁路。给水系统由高、中、低压三部分组成。高压给水泵采用2台100%容量高压调速给水泵(配变频调速装置),中压给水泵采用2台100%容量中压定速给水泵,2台100%容量凝结水泵加热器再循环泵(定速泵);凝结水系统设置3×50%容量的凝结水泵(配1套变频调速装置)。采用开式和闭式相结合的辅机冷却水系统,每台机组设置1×100%容量的电动滤水器、2×100%容量的闭式循环冷却水泵、2×100%容量的闭式冷却水换热器,不设置开式冷却水升压泵。供热系统以汽轮机背压供热工况作为设计工况,采暖用汽由汽轮机中压缸排汽提供,采暖初期机组采用抽凝运行,采暖负荷增加后采用背压运行。汽机房设置1台75/20t桥式起重机,燃机房各设置1台150/30t桥式起重机

序号	系统项目名称	新　　建
8	热网系统	厂内热网首站配置 4 台热网加热器，每台机组 2 台，不设备用；采用余热锅炉扩大省煤器并与热网加热器并联，用烟气加热热网循环水增加对外供热量；设置 3 台热网循环水泵，不设备用。2 台机组采暖抽汽母管相连，热网加热器的加热蒸汽系统采用扩大单元制运行，实现当 1 台热网加热器故障时，机组仍保证 75% 的供热能力。厂内布置热网管道
9	空压机站	标准状态下设置 3 台 $30m^3/min$ 螺杆式空压机设计
10	启动锅炉	启动锅炉 $1 \times 20t/h$
11	暖通系统	全厂采用集中供暖方式，厂区采暖单独设置加热站
12	天然气处理系统	天然气处理系统范围：电厂围墙外 1m 天然气管道—厂区内天然气调压站—燃气轮机。天然气处理系统包括：紧急隔断、过滤、调压及计量功能。调压支路按单元制设计，每台燃气轮机设置 2 条调压支线（1 运 1 备）

序号	系统项目名称	新　　建
13	化学水处理	锅炉补给水处理系统采用"全膜法"处理工艺，热网补充水拟与锅炉补给水处理系统统一考虑，锅炉补给水处理系统采用超滤、两级反渗透加电除盐的处理方案；设置给水、炉水加药及水汽取样系统；循环冷却水采用投加水质稳定剂和杀菌剂的处理方案。工程设置工业废水集中处理系统，采用曝气、凝聚澄清处理工艺，非经常性废水储存池容积为 $1000m^3$
14	供水方式	本工程采用二次循环供水系统，冷却设备采用机力通风冷却塔方案
15	循环水系统	采用扩大单元制再循环供水系统，2 套机组配 1 座 10 格机械通风格冷却塔，冷却塔采用背靠背单面进风布置方案，2 套机组合建 1 座循环水泵房，每套机组配 2 台双速电动机循环水泵
16	补给水系统	补给水水源采用城市再生水，管线长度 8km。备用水源为地表水，新建 1 座供水泵房，配 3 台补给水泵（2 运 1 备），管线长度 4km

序号	系统项目名称	新　建
17	电气系统	2 台燃机发电机和 2 台汽轮发电机均采用发电机–变压器组单元接线接入厂内新建的 220kV 配电装置，220kV 配电装置采用户内式气体绝缘金属封闭开关设备（GIS），与主变压器高压侧以 220kV 电缆连接，6 个断路器间隔，2 个 TV 间隔。 　　燃机发电机出口装设发电机断路器（GCB），汽轮发电机出口不装设断路器。 　　燃机发电机、汽轮发电机与相应主变压器均采用全连式离相封闭母线相连接。燃机发电机配套主变压器容量选择 400MVA，汽轮发电机配套主变压器容量采用 180MVA。 　　每台燃机发电机出口引接 1 台 25MVA 的双绕组高压厂用变压器，设 2 段 6kV 工作母线。2 套联合循环机组设置一台高压启动/备用变压器。 　　每台燃机发电机组设置一套 1000kW 的柴油发电机组。 　　全厂机组设置两套交流不间断电源（UPS），额定容量为 80kVA

序号	系统项目 名称	新　　建
18	系统二次	线路保护、母线保护按双重化配置。配置断路器保护。线路故障录波器 1 台。行波测距装置 1 套。保护及故障录波信息管理子站 1 套。安全稳定控制装置按双重化配置。远动与网控统一考虑。配置 AGC/AVC 测控柜 1 套。220kV 出线侧、启动/备用变压器高压侧配置主/校、0.2S 级关口表；机组出口侧配置单、0.5S 级考核表；电能表处理器 1 套，计费小主站 1 套。调度数据网接入设备 1 套。二次系统安全防护设备 1 套。功角测量装置 1 套。电厂竞价辅助决策系统 1 套。发电负荷考核系统 1 套。配置 2 套 SDH 622Mbit/s 光端机。载波通道 4 路。96 门调度程控交换机 1 台。−48V 高频开关电源 2 套，500AH 蓄电池 2 组。至调度端 PCM 2 对。通信机房动力环境监视纳入电厂网控系统统一考虑
19	控制系统	每套联合循环机组的控制系统将采用一套分散控制系统（DCS），全厂设 1 套 MIS 和 1 套 SIS，设置 1 套工业闭路电视监视系统。每台燃机发电机组配置一套 TCS
20	交通运输 工程	
（1）	公路	无

序号	系统项目名称	新　　建
21	土建及岩土工程	
（1）	厂址条件	厂区占地 11hm^2，基本地震烈度为 7 度
（2）	厂区土石方工程及地基处理	土石方 25 万 m^3
（3）	主厂房结构形式	主厂房采用钢筋混凝土结构
（4）	GIS 楼	钢筋混凝土结构
（5）	水处理车间	钢筋混凝土框架
（6）	调压站	钢筋混凝土框架结构
（7）	材料库及检修间	4000m^2
（8）	生产附属及公共福利工程	办公楼 2000m^2、食堂 400m^2、夜班宿舍 900m^2、检修材料楼 1600m^2

七、参 考 电 价

（一）限额设计参考电价计算条件

（1）假设电厂建设工程在 2019 年 1 月 1 日开工。

（2）各类型机组的年度静态投资比例如下表，资本金投入比例同静态投资比例。

燃煤机组静态投资各年度比例　　　　单位：%

机组	第 1 年	第 2 年	第 3 年	合计
2×350MW 新建	60	40	0	100
2×350MW 扩建	60	40	0	100
2×660MW 新建	40	50	10	100
2×660MW 扩建	60	40	0	100
2×1000MW 新建	30	40	30	100
2×1000MW 扩建	40	50	10	100

燃机静态投资各年度比例　　　　单位：%

机组容量	第 1 年	第 2 年	合计
300MW 级（一拖一）	55	45	100
300MW 级（二拖一）	55	45	100
180MW 级（一拖一）	60	40	100

（3）参考电价中各类型机组均进行单机结算，比例如下表：

单 机 结 算 比 例　　　单位：%

容量	性质	1号	2号	合计
2×350MW	新建	65	35	100
2×350MW	扩建	60	40	100
2×660MW	新建	60	40	100
2×660MW	扩建	58	42	100
2×1000MW	新建	60	40	100
2×1000MW	扩建	58	42	100
300MW级（一拖一）	新建	65	35	100
300MW级（二拖一）	新建	65	35	100
180MW级（一拖一）	新建	70	30	100

（4）各类型机组的建设工期根据《火力发电工程施工组织大纲设计导则》中的 II 类地区确定，详见下表。测算时电厂每台机组从其投产年开始共运行 20 年。

燃煤机组建设工期　　　单位：月

容量	性质	1号	2号
2×350MW	新建	22	24
2×350MW	扩建	20	22
2×660MW	新建	24	26
2×660MW	扩建	22	24
2×1000MW	新建	26	29
2×1000MW	扩建	24	27

燃 机 建 设 工 期

单位：月

机组容量	性质	1号燃机	2号燃机
300MW级（一拖一）	新建	20	23
300MW级（二拖一）	新建	20	23
180MW级（一拖一）	新建	14	17

（5）资本金占动态投资的 20%。

（6）长期贷款利率 4.90%，短期贷款利率和流动资金贷款利率 4.35%。

（7）贷款年限（包括建设期）2×350MW 取 15 年，2×660MW、2×1000MW 取 18 年，400MW 和 180MW 级燃机取 10 年。

（8）固定资产形成率 95%，残值率 5%，折旧年限 15 年，摊销年限 10 年。

（9）350MW 燃煤机组按供热机组考虑，2 台机组年发电量 3150GWh，年供热量 500 万 GJ；660MW 和 1000MW 燃煤机组按纯凝机组考虑，年利用小时 4500h；投产年的利用小时按发电月数占全年月数比例计算。燃机（纯凝）年利用小时按 3500h 计算；燃机（供热）2 台机组年发电量 3465GWh，年供热量 651 万 GJ。

（10）保险费率 0.25%；燃煤机组大修理费率 2%，燃机大修理费率 3.5%。

（11）350MW 供热机组发电标煤耗 267g/kWh，供热标煤耗 39kg/GJ，660MW 机组（超超临界）292g/kWh，1000MW（超超临界）机组 289g/kWh；标准状态下，燃机 400MW 级（纯凝）发电气耗 176m³/MWh，燃机 400MW 级（供热）发电气耗 142m³/MWh、供热气耗 29.3m³/GJ，180MW 级（纯

（凝）气耗 244m³/MWh（按陕京天然气，低位发热量为 32 720kJ/m³）。

（12）含税标煤价为 731 元/t，标准状态下，燃机含税气价 2.62 元/m³。燃煤供热机组含税热价 35 元/GJ，燃机供热含税热价 60 元/GJ。

（13）职工人数：2×350MW 机组 234 人，2×660MW 机组247 人，2×1000MW 机组 300 人。燃机职工人数 100 人。

（14）职工工资 5 万元/（人•年），福利劳保系数 60%。

（15）水价按含税 0.5 元/t 计取。

（16）材料费：350MW 机组 6 元/MWh，660MW 机组 5 元/MWh，1000MW 机组 4 元/MWh；燃机 180MW 级 15 元/MWh，400MW 级 8 元/MWh。

（17）其他费用：350MW 机组 12 元/MWh，660MW 机组 10 元/MWh，1000MW 机组 8 元/MWh。燃机 400MW 级 12 元/MWh，180MW 级 18 元/MWh。

（18）350MW 供热燃煤机组发电厂用电率 5.2%，供热厂用电 11.26kWh/GJ；660MW（超超临界）燃煤机组发电厂用电率 5.2%，1000MW 燃煤机组发电厂用电率 4.1%。另外，脱硫厂用电率 350MW 机组 1.5%，660MW 机组 1.1%，1000MW 0.7%。300MW 级燃机（供热）发电厂用电率 2.8%，供热厂用电 13.59kWh/GJ；300MW 级燃机（纯凝）厂用电率 2.0%，180MW 级燃机厂用电率 2.5%。

（19）350MW 机组、660MW 机组和 1000MW 机组燃煤含硫量按 1.3%。脱硫成本按耗用石灰石考虑，2×350MW 机组 8t/h，2×660MW 机组 16t/h，2×1000MW 机组 8t/h，石灰石含税价格 100 元/t。

（20）脱硝剂尿素的单价按含税 2000 元/t 计取。

（21）排污费用按超低排放水平与《中华人民共和国环

境保护税法》中的北京地区税率计算。在年利用小时 4500h
时，350MW 超临界机组 SO_2 166 万元/（台炉·年），NO_x 158
万元/（台炉·年），烟尘 7 万元/（台炉·年）；660MW 超
超临界机组 SO_2 331 万元/（台炉·年），NO_x 316 万元/（台
炉·年），烟尘 14 万元/（台炉·年）；1000MW 超超临界
机组 SO_2 497 万元/（台炉·年），NO_x 474 万元/（台炉·年），
烟尘 21 万元/（台炉·年）。

（22）现金、应付账款等周转次数取 12 次/年。

（23）铺底流动资金占总流动资金的 30%。

（24）公积金取 10%，不计提公益金。

（25）所得税率取 25%。

（26）资本金内部收益率取 8%。

（二）参考电价

根据上述边界条件测算的电价结果如下：

限额设计控制指标参考电价一览表（燃煤机组）

机组等级	机组台数	建设性质	机组容量（MW）	静态投资	单位静态投资	动态投资	单位动态投资	动静比例
单位	台		MW	万元	元/kW	万元	元/kW	
350MW国产供热超临界	2	新建	700	282 633	4038	294 929	4213	1.04
	2	扩建	700	237 664	3395	246 739	3525	1.04

机组等级	机组台数	建设性质	机组容量（MW）	静态投资	单位静态投资	动态投资	单位动态投资	动静比例
单位	台		MW	万元	元/kW	万元	元/kW	
660MW国产纯凝超超临界	2	新建	1320	461 922	3499	480 344	3639	1.04
	2	扩建	1320	397 544	3012	415 009	3144	1.04
1000MW国产纯凝超超临界	2	新建	2000	644 290	3221	668 914	3345	1.04
	2	扩建	2000	590 807	2954	615 248	3076	1.04

敏 感 性 分 析

基本方案电价（元/MWh）	投资		投资各方FIRR	运行小时（h）		煤价（元/t）			
	10%	-10%	10%	4000	5000	400	600	800	1000
	含税电价（元/MWh）								
370.97	383.75	358.24	377.90	388.40	357.06	246.00	321.63	397.27	472.91
348.83	359.45	338.37	354.31	363.48	337.14	223.92	299.51	375.13	450.75
367.02	377.63	356.54	371.34	381.76	355.19	258.72	324.26	389.80	455.34
354.46	363.76	345.28	358.20	367.62	343.90	246.09	311.67	377.26	442.84
345.38	354.98	335.91	349.25	358.67	334.72	239.87	303.72	367.58	431.43
337.58	346.41	328.86	341.20	349.91	327.69	232.08	295.93	359.78	423.62

限额设计控制指标参考电价一览表（燃机）

机组等级	机组台数	建设性质	机组容量	静态投资	单位静态投资	动态投资	单位动态投资	动静比例
单位	台		MW	万元	元/kW	万元	元/kW	
400MW 等级燃气机组（9F 级纯凝）	一拖一	新建	990	201 441	2035	208 896	2110	1.04
400MW 等级燃气机组（9F 级供热）	二拖一	新建	990	213 787	2250	221 699	2234	1.04
180MW 等级燃气机组（9E 级纯凝）	一拖一	新建	366	106 249	2903	108 632	2947	1.02

敏 感 性 分 析

基本方案电价（元/MWh）	投资		投资各方 FIRR	利用小时		气价（标准状态下，元/m^3）	
	10%	−10%	10%	2500	5000	2	3
	含税电价（元/MWh）						
657.86	666.60	649.05	664.07	694.75	630.21	490.02	760.73
616.73	626.35	607.06	623.57	680.41	569.87	426.64	733.25
868.83	880.68	856.87	875.89	920.77	830.06	652.13	1001.76

（三）参考电价构成

1. 参考电价构成一览表

机组内容	机组台数	机组性质	总容量	电价构成（%）					
单位	台		MW	燃料费	折旧	财务费用	净利润	所得税	其他
350MW国产供热燃煤机组	2	新建	700	60.84	11.23	4.23	6.34	2.32	15.04
	2	扩建	700	64.04	9.77	3.82	5.46	2.00	14.91
660MW国产超超临界燃煤机组	2	新建	1320	62.31	11.22	5.12	4.87	1.90	14.57
	2	扩建	1320	64.48	10.46	4.84	4.19	1.64	14.39
1000MW国产超超临界燃煤机组	2	新建	2000	64.48	10.89	4.88	4.69	1.82	13.24
	2	扩建	2000	65.96	10.14	4.64	4.46	1.73	13.07
400MW等级燃气机组（9F级纯凝）	一拖一	新建	990	81.86	4.61	1.57	3.24	1.06	7.67
400MW等级燃气机组（9F级供热）	二拖一	新建	990	82.47	4.51	1.53	3.18	1.04	7.27
180等级燃气机组（9E级纯凝）	一拖一	新建	366	79.86	4.76	1.80	3.28	1.01	9.30

2. 参考电价构成示意图

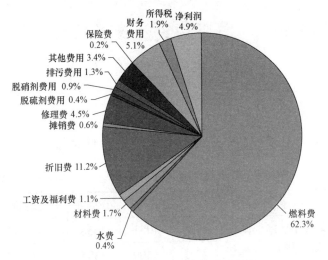

常规火电 – 燃煤机组电价构成示意图

注：不含增值税。利用小时 4500h，贷款利率 4.9%。按 2×660MW 超超临界新建机组测算。

附录一　与限额设计参考造价指标
（2017年水平）的对比

（一）350MW机组参考造价指标对比

单位：元/kW

机组容量			2017年	2018年	年度造价变化
350MW 超临界供热	两台 机组	新建	4051	4038	−0.34%
		扩建	3409	3395	−0.40%

（二）660MW机组参考造价指标对比

单位：元/kW

机组容量			2017年	2018年	年度造价变化
660MW 超超临界	两台 机组	新建	3512	3499	−0.35%
		扩建	3028	3012	−0.55%

（三）1000MW机组参考造价指标对比

单位：元/kW

机组容量			2017年	2018年	年度造价变化
1000MW 超超临界	两台 机组	新建	3234	3221	−0.40%
		扩建	2966	2954	−0.40%

（四）2017～2018 年部分结算性参考造价指数

机组类型	建筑工程费	设备购置费	装置性材料	安装工程费	其他费用	基本预备费	静态投资
350MW	0.27%	−0.55%	−2.21%	0.43%	−0.35%	−0.39%	−0.34%
660MW	0.36%	−0.44%	−2.37%	0.28%	−0.38%	−0.37%	−0.35%
1000MW	0.26%	−0.60%	−1.73%	0.28%	−0.17%	−0.40%	−0.38%

附录二 部 分 设 备 价 格

序号	设备名称	规格型号	设备台套单位	2018年参考价（万元）
一	垃圾焚烧电站			
（一）	1×500t/d 垃圾焚烧炉+10MW			
1	垃圾焚烧炉	排炉 500t/d 其他部件（含炉架、本体、炉排组合系统、焚烧炉炉排等）	台	1359
2	余热锅炉	额定蒸汽温度 400℃，额定蒸汽压力 4.0MPa（a），额定蒸汽量 52.95t/h	台	1544
3	凝汽式汽轮发电机组	汽轮机本体 N10-3.9/400 型，中温、中压、单缸凝汽式汽轮机	台	578
4	垃圾渗滤液处理系统	调节池+预处理+厌氧反应器 UASB+二级硝化反硝化+MBR+纳滤膜+反渗透	台	1320
（二）	2×400t/d 垃圾焚烧炉+15MW			
1	垃圾焚烧炉	多级往复式炉排炉 400t/d 其他部件（含炉架、本体、炉排组合系统、焚烧炉炉排等）	台	845

序号	设备名称	规格型号	设备台套单位	2018年参考价（万元）
2	余热锅炉	额定蒸汽量34.94t/h，蒸汽温度400℃，蒸汽压力4.0MPa	台	1080
3	凝汽式汽轮发电机组	N15-3.80/390型，15MW	台	816
4	垃圾渗滤液处理系统	调节池+预处理+厌氧反应器 UASB+二级硝化反硝化+MBR+纳滤膜+反渗透	台	1863
（三）	2×600t/d 垃圾焚烧炉+20MW			
1	焚烧炉	多级液压驱动机械式焚烧炉排，日额定处理能力为600t/d	台	1228
2	余热锅炉	出口额定蒸汽参数：52.5t/h，压力 5.3MPa（g）、温度450℃	台	1728
二	分布式燃机电站			
1	燃气轮机	6F.01	台	10 993
2	燃气轮机	6F.03	台	14 338
3	燃机发电机	配套6F.01	台	1285
4	燃机发电机	配套6F.03	台	1619

序号	设备名称	规格型号	设备台套单位	2018年参考价（万元）
5	蒸汽轮机	LCZ12－4.9/1.3/0.65 型，15MW	台	867
6	蒸汽轮机	B3－4.9/3.1 型，3MW	台	372
7	蒸汽轮机	B1.6－4.9/3.1 型，1.5MW	台	312
8	蒸汽轮机	LCZ80－8.7/1.0/1.0 型	台	3245
9	蒸汽轮机	B38－8.7/1.0/1.0 型	台	1068
10	燃机发电机	QFJ15－2－10.5 型，15MW	台	181
11	燃机发电机	QFJ3.5－2.10.5 型，3.5MW	台	97
12	蒸机发电机	QFJ1.5－2.10.5 型，1.5MW	台	82
13	蒸机发电机	QFW－80－2－10.5 型	台	1605
14	蒸机发电机	QFR－38－2SC－10.5 型	台	428
15	余热锅炉	双压、自然循环、卧式、无补燃，42.78t/h，5.15MPa，441℃	台	1022
16	余热锅炉	双压、自然循环、卧式、无补燃，111.9t/h，8.74MPa，561℃	台	2599

序号	设备名称	规格型号	设备台套单位	2018年参考价（万元）
17	燃气锅炉	20t/h	台	328
18	燃气锅炉	50t/h	台	678

编 审 人 员

审核人员

谢秋野　孙　锐　吕世森　吕祥涛
陈　峥　刘东星　朱　军　张华伦
孙永斌

主 要 编 制 人 员

电力规划设计总院

张　健　姜士宏　杨庆学　冉　巍
刘　庆　王　睿　张会娟　易　超
任德刚　王宏斌　王予英　陈　实
贾　成　刘文辉　唐燕萍　苏燊燊
刘裕华

东北电力设计院

孙沐曦　李翔宇　左　军　刘金岳
栾德福　张　超　庞　慧　王　丹

华东电力设计院

周一亮　任　勤　孟炜杰　李静远

褚　青　陆　健　李　华　钟佳玉

中南电力设计院

唐　建　丁　锐　汤　雷　张　尧
林　骎　于　乐　龚　睿　杨雪冰

西北电力设计院

高福东　黄　滢　张会民　李　强
郑东伟　钟文瑾　赵　新　陈建萍

西南电力设计院

黄晓莉　蒋泓亮　吴　思　方　岗
徐宁宁　郑世伟　陶承勇　陈荣辉

华北电力设计院

钱　丽　李　雅　闫可歆　贾　蓉
刘新荣　顾为朝　高巧琳　王邦国